prometeo
libros

EL ENIGMA DEL ARTE

Cesar Lorenzano

EL ENIGMA DEL ARTE

prometeo
libros

A mi familia más inmediata: Graciela, Sandra, Pablo, Bibi, Daniel, Marianita. Sin ellos no podría ser.
A mis alumnos, que me acompañaron en mis investigaciones teóricas y empíricas.
A los artistas plásticos que me permitieron conocer y reflejar su obra en mis escritos.

Índice

1. INTRODUCCION 11
2. ACOTACIONES A LA ESTRUCTURA PSICOSOCIAL DEL ARTE 19
   2.1. Los inicios de una teoría del arte, y sus premisas epistémicas 20
   2.2. Estructuras, isomorfismos y arte 23
   2.3. A que llamamos arte 30
3. LAS HISTORIAS DEL ARTE Y DE LA CIENCIA 39
   3.1. Los estilos 39
   3.2. La historia del arte como historia de los estilos 41
   3.3. Dos historias paralelas 44
   3.4. Un programa de investigación después de Piaget 46
4. LOS ESTILOS Y LAS ESTRUCTURAS 49
   4.1. Las estructuras, más allá de Piaget 50
   4.2. El piano simbólico del arte 57
   4.3. Las estructuras emotivas 63
   4.4. La percepción en arte 64
   4.5. Los estilos y el gusto 70
   4.6. El estilo, después de Wölfflin 73
5. SOCIOLOGIA DEL ARTE Y DE LA CULTURA 79
   5.1. Del estilo a la sociología del arte 80
   5.2. La construcción de los colectivos sociales 86
   5.3. Los campos culturales de Bourdieu y sus problemas 94
   5.4. Las comunidades culturales y la encuesta de arte 103
   5.5. La distinción y la construcción del individuo 107
6. EPILOGO 119
7. BIBLIOGRAFIA 123

1. Introducción.

Desde épocas inmemoriales, el ser humano ha dejado huellas de su paso por el mundo que persisten hasta ahora y que nos interrogan con su presencia. Desde los toros de Altamira, hasta los dibujos eróticos de Picasso y los manchones de pintura escurrida de Pollock, pasando por la Mona Lisa, los angelotes accesorios que abundan en los cuadros de Rubens, o las severas y claras figuras de Vermeer, viviendo todavía en interiores cotidianos. Nos interrogan acerca de cómo fueron posibles; qué tipo de ser humano deseó perpetuarse en formas al parecer tan superfluas para el vivir práctico, tan en boga en todas las épocas; qué tipo de sociedad las permitió y veneró para cuidarlas desde siempre.

Algo nos dicen las telas o el mármol acerca de ese hombre que las hizo; de sus sueños, sus vivencias, su habilidad reconocida por sus contemporáneos; de éstos, de sus maestros y de sus compañeros. Algo nos dicen acerca de nosotros mismos cuando las contemplamos. Algo nos muestran de nuestra condición humana.

Este libro intenta responder a estos interrogantes, y al hacerlo, vislumbrar el enigma mucho más general de las formas culturales.

Para quienes los conozcan, es una continuación de otros escritos; una vuelta de tuerca sobre viejas cuestiones, que reaparecen siempre, y sin embargo, tan cambiadas que se reconocen, y al mismo tiempo se vislumbra la distancia que las separa. Se advierte en él una manera de entender la relación del hombre con el mundo, de conocerlo y de actuar. Un hombre que se mueve en una sociedad compleja, múltiple, contradictoria, espejo de un ser humano igualmente complejo, múltiple, contradictorio, desgarrado e integrado a la vez.

Hace veinte años, las primeras intuiciones sobre el enigma del arte condujeron a la escritura de *La estructura psicosocial del arte* (Lorenzano 1982 a). En ese texto se expone una parte importante de las respuestas, que hablan no sólo del arte, sino también de la ciencia, la sociedad, el conocimiento.

Desde entonces, nuevas investigaciones y nuevos interrogantes se añaden a él como capas geológicas, que lo conservan, pero también alteran el paisaje con elementos inéditos; elevaciones no presentes anteriormente, hondonadas por las que discurren otras corrientes teóricas, que se incorporan con naturalidad a las anteriores, pero que cambian sus cauces, sus velocidades, su composición.

Algunos se originan en cursos y seminarios, en el análisis de obras de arte (Lorenzano 1983, 1985, 1986); en el estudio del publico, los intermediarios de arte, y los artistas de la Ciudad de Buenos Aires; en investigaciones realizadas en el contexto del Seminario de Sociología del Arte que dirijo desde hace 20 años en la Facultad de Ciencias Sociales de la Universidad de Buenos Aires.

Otros nacen de nuevos hallazgos teóricos, como los que captan la semejanza estructural entre teorías acerca de la historia de la ciencia y la historia del arte (Lorenzano 1982 b), y que llevan a replantear lo expuesto anteriormente. Existen, además, desarrollos que trazan un arco completo, como sucede con la teoría de la cultura y la sociedad de Pierre Bourdieu, desde una aceptación completa, hasta un distanciamiento que conserve importantes coincidencias.

Finalmente, se efectúan cambios en las relaciones que mantiene con la teoría de Piaget, anteriormente dominantes. Esta relación privilegiada se diluye cuando se introduce en la teoría la consideración de los lenguajes propios del arte, en la forma de estructuras que evolucionan en el tiempo -históricas, en fin-, como lo son los estilos, difícilmente subsumibles bajo los esquemas piagetianos ortodoxos.

En ese escrito, se proponía que las condiciones de posibilidad psicológicas del arte consistían en un psiquismo poblado por estructuras interiorizadas por un sujeto epistémico mientras interactúa con el mundo natural y social.

El motivo para hacerlo provino, primeramente, de la posibilidad de explicar con ella un fenómeno que nos impactó en su momento, i.e. las técnicas de dibujo automático del surrealismo pictórico. Sus trazos, producidos por la exteriorización de acciones, sólo podrían concebirse desde una teoría psicológica para la cual el psiquismo estuviera formado por acciones interiorizadas, como la de Piaget.

La segunda circunstancia que incidió en ello fue el advertir que era asimismo un hecho el consenso existente en la comunidad de teóricos y críticos acerca de arte los elementos que deben analizarse en una obra de arte, aquellos que son relevantes a la hora de su análisis, a saber:

I. los factores formales,

II. la imagen que presenta,

III. el contenido simbólico -aquello que evoca-,

IV. la emoción que suscita.

Inmediatamente fuimos conscientes de que todos ellos coinciden, aproximadamente, con las categorías de análisis que estudia la psicología de Piaget.

En efecto, las estructuras formales, el pensamiento sensorio-motriz, las estructuras perceptivas, el pensamiento simbólico, el pensamiento conceptual, las estructuras emotivas, que Piaget describe en sus estudios acerca del desarrollo de un sujeto epistémico desde el nacimiento hasta la adolescencia -y que le sirven para sentar las condiciones de posibilidad de la ciencia-, tienen una contrapartida con las estructuras presente en la obra de arte.

Esta doble percepción nos condujo a un programa de investigación que nos llevó de la psicología de Piaget a las categorías de la obra de arte.

Al adoptarla como teoría presupuesta, a los fines que nos proponíamos, la tensamos al extremo de suponer que el psiquismo humano se encuentra amueblado únicamente por estructuras piagetianas, comprometiendo una económica ontología de acciones que se interiorizan, no de cualquier manera, sino con una cierta estructura.

La apuesta teórica de entonces consistió en pensar que para que la empresa fuera realizable, debía irse más allá de Piaget, y sostener que las estructuras que estudia persisten en el adulto, creer -como tiende a hacerlo Piaget-, que son pasos superados y abandonados una vez que se llega a esa etapa del desarrollo. Para nosotros, los pensamientos preconceptuales que estudia Piaget como la antesala necesaria del pensamiento conceptual y lógico con el que se construye la ciencia, no desaparecen, sino que moldean la obra de arte, pues están presentes en un sujeto adulto que toma impulso en ellas para continuar su vuelo propio, alejado ya del niño que fue, pero que permanece en su interior.

La primera tesis fuerte que esbozamos acerca del arte dice: la obra de arte es la proyección isomorfa de las estructuras internas -piagetianas- del artista sobre un material cualquiera, al que moldea a su imagen y semejanza.

Se proponía un proceso productivo en el que ni el sujeto ni el material poseen prefabricados -a priori- los elementos que aparecen luego en la obra de arte.

Esas estructuras disposicionales que se concretan en sus imágenes, así como tambien en su contenido formal, simbólico y afectivo, se construyen en la subjetividad al mismo tiempo que se realiza el objeto artístico. El trabajo artístico supone un intenso proceso de ensayo y error, en el que se exploran mediante las formas, las imágenes y el uso del material específico, tanto los limites de la percepción y la sensibilidad, como del soporte material que se utiliza.

Esto supone una epistemología constructivista para la cual las disposiciones a actuar -un saber práctico complejo- son el resultado de la interiorización -aprendizaje- de acciones realmente realizadas (sólo se aprende a hacer haciendo), de las que no se excluye, por cierto, a las operaciones perceptuales, ni a su adecuación y cambio en la interacción con el mundo de los objetos y el mundo social.

En el camino, se introducen modificaciones a la teoría de Piaget para adaptarla al campo del arte, dotando de una cierta historicidad a sus estructuras.

Las condiciones sociales del arte, para *La estructura psicosocial del arte,* comienzan en este momento y se completan cuando se plantea la existencia de un sistema productivo especifico, con sus propios agentes sociales —los artistas— aunque casi de inmediato hablamos de comunidad artística, como un resultado natural de trasladar al arte este aspecto social de la posición epistemológica de Thomas Kuhn.

Con estos elementos queda concluida una primera etapa, la ya conocida de *La estructura psicosocial del arte.*

A partir de ese momento, comienza un desarrollo que lleva a enriquecer y a ampliar esas condiciones de posibilidad psicológicas, históricas y sociales del arte.

El primer paso ocurre casi de inmediato, cuando advertimos que nuestra teoría, de una gran generalidad, debía hacerse más específica, incorporando a la reflexión a esos lenguajes especiales del arte que llamamos *estilos.*

Las investigaciones que emprendimos en esos momentos nos llevaron hacia un descubrimiento teórico que equiparamos a nuestro encuentro con las técnicas de dibujo automático de los surrealistas y que consistió en vislumbrar las similitudes estructurales que presenta la historia del arte de Enrique Wölfflin con la historia de la ciencia de Thomas Kuhn.

Presentamos el hallazgo en un encuentro de teoría del arte (Lorenzano 1982 b), cuando postulamos que el arte, la ciencia, y quizás toda la cultura, poseen como condición de posibilidad unos lenguajes específicos, dados a la manera de estructuras formales -sean estilo o paradigma- que evolucionan en el tiempo.

En ese momento, incorporamos además la sociología del arte de Arnold Hauser para enriquecer nuestra visión de la estructura social que produce el arte -limitada anteriormente a la comunidad artística-. Poco tiempo después, la teoría de los campos de Pierre Bourdieu deviene en una referencia ineludible.

Mientras se desarrollan estos tópicos en escasos artículos, pero sobre todo en las exposiciones de seminario, comienza un lento despego de las posiciones de Jean Piaget, para pensar en un sujeto epistémico más histórico y social que el expuesto en *La estructura*. También comienza un distanciamiento con respecto al pensamiento de Pierre Bourdieu, aunque tomándolo como punto de partida para otros desarrollos.

Este es el camino que invito a recorrer. Al final del trayecto se encuentra una respuesta plausible por las condiciones de posibilidad psicológicas y sociales de la cultura. Cuál es el sujeto epistémico que la crea, y cuál es la estructura social en la que se produce.

Aunque el escrito habla permanentemente del arte, en algún momento deja de referirse exclusivamente a él -adquiriendo paulatinamente su sentido a medida que se desarrolla- para hacerlo de cualquier forma cultural. Efectúa entonces, una transición desde una teoría del arte, a una teoría de la cultura, en la que lo social adquiere cada vez más peso y las estructuras piagetianas dejan su lugar a estructuras *pos piagetianas* que son, fundamentalmente, históricas y sociales.

En este contexto, la exploración de las condiciones de posibilidad del arte no pasa de ser un ejemplar paradigmático -en el sentido wittgensteniano- de las de la producción cultural.

Se mantiene en ellas la concepción práctica del conocimiento, de la percepción, de la simbología y de la afectividad, así como los mecanismos de su adquisición y su exteriorización -ahora particularizada en cada forma cultural- y por cierto, de la necesidad de atribuirle una estructura histórica, que en los diferentes campos adopta formas peculiares.

Se sientan las bases para entender cómo las estructuras sociales intervienen en el seno de la misma estructura formal, simbólica, conceptual, afectiva, perceptiva del arte y la cultura, perteneciendo, como pertenecen, a categorías distintas; sin ser ellas mismas forma, símbolo, concepto, percepción o efecto.

Permiten vislumbrar porque -citando a Bourdieu- si bien puede decirse que Valery es un pequeño burgués, no todo pequeño burgués es Valery.

Estructura social, estructura del psiquismo, estructura de los productos culturales, que remiten como antecedentes suyos a *La estructura psicosocial del arte,* continuándola y extendiéndola más allá de sus límites originales.

Al hacerlo, se esboza el uso de la cultura en la sociedad, así como el fundamento social y epistémico de la solidaridad y la democracia en los sistemas sociales, ancladas -como sucede en toda epistemología práctica-, en sus acciones más elementales, más básicas.

Muchas de estas páginas fueron escritas por etapas, en la medida en que eran expuestas en congresos o cursos. Conservan, por ello, la cristalización que exhibieron entonces. Sus capítulos, que muestran parcialmente en el orden expositivo los pasos de su desarrollo, dan cuenta de las permanencias y los cambios acaecidos desde entonces.

Aunque se presenta como un texto teórico, conduce rectamente a investigaciones empíricas y a propuestas de cambio, que al encuadrarse en un marco conceptual preciso, permiten -presuntamente- una mayor profundidad de análisis.

En **Acotaciones a una primera etapa,** se hacen algunas precisiones acerca de las tesis epistemológicas sostenidas en *La estructura psicosocial del arte* -ampliándolas- y se elucida el concepto de arte, que no se encuentra presente anteriormente por profundas razones metodológicas.

En **Las historias del arte y de la ciencia** se muestra la índole de las coincidencias encontradas entre una de las teorías centrales de la historia del arte, y la de una de las más conocidas teorías de la historia de la ciencia, y las conclusiones a las que llegamos luego de sopesar la posibilidad de que se enriquezcan mutuamente.

En **Los estilos y las estructuras** se argumenta acerca de cómo la adopción de la noción de estilo gravita para que se desplieguen nuevos enfoques de la teoría de la percepción, y sus consecuencias para la formación del gusto y del contenido simbólico del arte.

En **Sociología del arte y la cultura** se insiste en la construcción social e histórica del arte, para proponer su inserción en un sistema productivo específico y una estructura peculiar para la sociedad, y para el psiquismo humano.

De muchos de estos tópicos ofrecemos únicamente su núcleo argumental y sus conclusiones principales, ya que una exposición completa excedería los límites que nos impusimos.

En su desarrollo creemos haber contribuido a develar el enigma del arte parcialmente, como siempre sucede con toda teoría, que no puede jamás aprehender la totalidad de aquello que estudia, sentando las bases para comprender sus condiciones de posibilidad psicológicas, históricas y sociales.

2. Acotaciones a la estructura psicosocial del arte.

En este apartado comentamos y ampliamos aspectos presentes en *La estructura psicosocial del arte,* tales como las premisas epistémicas que se adoptan, y se avanza en precisiones acerca de la noción de isomorfismo y de su importancia para el análisis del fenómeno artístico. Finalmente, se propone una caracterización del arte -ausente anteriormente- en la que se hace uso de categorías sociales que se desarrollan con posterioridad.

Los inicios de una teoría del arte y sus premisas epistémicas narra cómo del contacto con las técnicas de dibujo automático de la escuela surrealista de pintura, se pasa a concebir un psiquismo formado exclusivamente por estructuras piagetianas y el rol que juega el conocimiento práctico en la comprensión del arte.

Estructuras, isomorfismo y arte muestra la corroboración del núcleo central de *La estructura psicosocial del arte* por las técnicas de dibujo "sin mirar el papel" de Kimon Nicolaides y se explicita la noción de estructura que se maneja, la función de los isomorfismos en la explicación del arte y de su (intersubjetiva) objetividad. Se esboza una explicación histórica del origen y la persistencia de las estructuras que caracterizan a la obra de arte, al menos desde la revolución neolítica, cuando cristalizan sus condiciones sociales de posibilidad.

A qué llamamos arte discute la posibilidad de definirlo sin apelar a ningún esencialismo, así como la de introducir juicios evaluativos que se habían eludido expresamente en la primera etapa de nuestras investigaciones. Se introduce la noción de tradiciones artísticas -que luego se identifican con el nombre genérico de estilos- y de comunidad artística para fundamentar tanto al arte como a su apreciación.

2.1 Los inicios de una teoría del arte y sus premisas epistémicas.

Nuestras investigaciones se inician con un intento de comprender cuáles son las condiciones de posibilidad del arte -una preocupación de corte kantiano, inseparable de la pregunta acerca de cómo es posible el arte-, esa actividad que acompaña al hombre desde los comienzos de la historia y que ha tenido cambiantes usos sociales, sin que se advierta, sin embargo, una diferencia insalvable entre los dibujos de Altamira y el arte más actual; entre su realismo y el nuestro; entre la abstracción tracia y la nuestra; entre el geometrismo de las cerámicas prehispánicas y el contemporáneo.

Su apuesta teórica consiste en proponer que esas condiciones de posibilidad son una peculiar estructura psíquica y un cierto tipo de sociedad. Más precisamente, que el arte tal como lo conocemos sólo puede comprenderse si se acepta que el psiquismo está constituido en su totalidad por estructuras piagetianas, que se desarrollan en individuos epistémicos, histórica y socialmente situados.

Podemos describir de una manera clásica para la filosofía de la ciencia, el proceso por el que se llegó a este supuesto, llamando "contexto de descubrimiento" a la circunstancia que sugirió esta hipótesis. Ocurrió cuando Jorge Kleiman -un discípulo del maestro argentino Batlle Planas- nos mostró la técnica de dibujo que practican los artistas plásticos surrealistas, y que supuestamente deja aflorar el inconsciente. Consiste en poner unos puntos en una hoja en blanco, y dejar que la mano provista de un lápiz -con la única consigna de no pensar en lo que se hace- se mueva de manera automática, trazando dibujos fuertemente estructurados y de una enorme carga sugestiva.

En ese momento, se tuvo la intuición de que su única explicación reside en pensar en la existencia de un inconsciente de acciones, ya que lo primero que el observador nota es el movimiento inconsciente, libre, de la mano, siendo el dibujo un subproducto suyo -su registro-, a la manera en que los kimógrafos de los laboratorios de fisiología registran con sus trazos, las contracciones musculares o los movimientos del corazón.

Descartada la estructura psicológica que propone Freud -entre otros motivos porque su inconsciente está poblado de imágenes y de palabras, mas no de acciones- era una buena propuesta el inclinarse por la psicología genética de Jean Piaget, para quien el psiquismo se constituye por medio de acciones realmente efectuadas -tanto sobre objetos del mundo natural, como del social-, que se interiorizan en la subjetividad.

La hipótesis de que los dibujos automáticos -y el arte mismo- son el producto de la exteriorización de esas estructuras psíquicas, cobra plausibilidad ante la evidencia de que los dibujos poseen una fuerte estructura que debe provenir de la que se encuentra presente en los movimientos que los crean y en el inconsciente de acciones que afloran en ellos. En nuestra propuesta, extendimos al arte lo que piensa el propio Piaget del conocimiento -sea formal o fáctico- ya que sostiene que consiste en la exteriorización de las estructuras psíquicas que se construyen interiorizando acciones (véase entre otros Flavell 1976).

Apoya esta hipótesis el hecho de que los elementos que tradicionalmente la teoría del arte considera constitutivos de la obra de arte, tales como sus factores formales, la imagen que se percibe, el contenido simbólico que evoca, e incluso su emotividad, tienen un correlato en distintas porciones de la psicología de Piaget, de tal manera que puedan trasladarse sus categorías a la comprensión del arte.

El desarrollo de la labor teórica confirma ese supuesto y hace plausible pensar que las estructuras formales, perceptuales, simbólicas y emotivas de la obra de arte son, asimismo, una exteriorización de estructuras psíquicas de tipo piagetiano.

En este esquema, la existencia -según Piaget- de estructuras formales de índole lógico-matemático, así como de estructuras cognoscitivas, permite explicar tanto al arte abstracto, como al arte realista. El primero es la exteriorización -exclusivamente- de esas estructuras lógico-matemáticas, mientras que las obras que guardan alguna semejanza perceptual con objetos de la realidad lo son de las estructuras cognoscitivas -que estructuran a la percepción- y de las estructuras lógico-matemáticas que juegan en ellas el rol de organizar el objeto artístico, con sus ritmos y equilibrios formales, brindándoles el marco formal del que no pueden carecer.

Por supuesto, esto implica un piagetismo radical, en el sentido de suponer que en el psiquismo todo se encuentra conformado con estructuras piagetianas.

No significa aceptar a Piaget en bloque, mas si a su concepción de que se comprende el mundo a partir de su manipulación práctica, y particularmente, a sus estudios de la etapa que va desde el nacimiento hasta los 6 años e incluso más adelante -posiblemente el núcleo central de su teoría-, por su gran corroboración empírica, y por ser menos susceptible a la crítica científica. Es durante este periodo que el sujeto epistémico adquiere el tipo de estructuras que considero son la condición de posibilidad del arte (expuestas, sobre todo, en Piaget 1976 b, 1977 b, 1982).

Luego fueron más claros para nosotros -como lo comentaré más adelante- los puntos que nos separan de Piaget, y que tienen que ver con como el adulto, alejado ya del niño y del adolescente, forja sobre estas estructuras otras de orden cultural e histórico.

Una de las consecuencias de esta manera de entender el psiquismo es darle un rol central al conocimiento práctico, llamado por la filosofía "saber cómo" -"know how"-, poniéndolo por sobre el conocimiento teórico o conceptual. En un momento en el que el "giro lingüístico" de la filosofía hace del lenguaje el eje de la reflexión, se comparte el parecer de los escasos filósofos -Wittgenstein (Pichter 1966), Hume (1974), Marx (1978)- que piensan que el ser humano es sustancialmente un sujeto práctico. Para nosotros, el ser humano se construye en la práctica, siendo el arte una más de las facetas en las que esa condición se pone de manifiesto.

Una teoría del conocimiento de este tipo rinde cuenta del proceder habitual del ser humano, quien no es el parlante improbable que enuncia: "ahora camino hasta la escalera, la subo escalón por escalón con un ritmo pausado, llego hasta el descanso, abro la puerta extendiendo la mano hacia el picaporte y lo hago girar un cuarto de derecha a izquierda, etcétera". Por el contrario, se acepta que realiza todas estas acciones sin siquiera pensarlo, guiado por un conocimiento práctico, y no proposicional. La certeza de que la mayor parte del conocimiento con el que el ser humano se mueve en el mundo es de esta índole, guía las investigaciones de los filósofos del "know how", quienes piensan que incluso en el conocimiento científico existen grandes porciones de conocimiento práctico, tanto en la manipulación de los instrumentos en las situaciones experimentales, como de los mismos conceptos.

No existe una expresión tan poco discursiva como el arte que se preste inmejorablemente a ser comprendida por una epistemología de esta índole. En ese momento, la imagen epistémica que se propone es la de un sujeto que discurre por el mundo provisto de un conjunto de estructuras de distinta índole -cognoscitivas, simbólicas, efectivas, sensorio-motrices, etcétera- a las que arroja sobre la realidad sea mediante una manipulación efectiva o sólo perceptual, para conocerle, otorgarle sentido, y actuar en consecuencia. Los desarrollos teóricos posteriores muestran que las intersecciones de los sujetos en múltiples ámbitos de socialización hacen que existan estructuras distintas en cada uno de los planos, mientras que anteriormente se pensó en un único tipo de estructura para todos los campos de la actividad humana. Esto conduce a una reformulación de estas condiciones de posibilidad piagetianas, para considerarlas más bien de índole historica y social -pos piagetianas, en suma-.

2.2. Estructuras, isomorfismos y arte.

Al adoptar a la psicología de Jean Piaget para nuestros análisis, realizamos una maniobra característica de una forma de entender la filosofía que consiste en fundamentar las reflexiones en el conocimiento científico y no en la sola razón, el sentido común, o el lenguaje ordinario (Los intentos de transformar a Kant en un programa de investigación fisiológica tuvieron difusión a fines del siglo pasado. Podríamos citar entre los autores que lo desarrollaron a Hemholtz, y a Mach.)

Contra quienes piensa que la filosofía debe abstenerse de proponer teorías acerca de la realidad para dedicarse únicamente al análisis, este proceder implica que al menos en campos donde la ciencia no se ha desarrollado, la filosofía se encuentra habilitada para avanzar en teorías cuasi-científicas que los expliquen, como lo hacen los científicos en situaciones similares.

A semejanza de las teorías científicas, nuestra teoría psicosocial del arte encuentra corroboración parcial en su desarrollo teórico -lo que hace a su coherencia interna-, y en diversas circunstancias "empíricas", como la técnica de dibujo de Kimos Nicolaides, que conocimos en las clases del profesor de dibujo de la Escuela Nacional de Artes Plásticas de México, Gilberto Aceves Navarro. Vimos en esa técnica -que consiste fundamentalmente en ejercicios realizados sin mirar el papel-, una importante corroboración de nuestra teoría, puesto que los movimientos de la mano prolongada en el lápiz, al coordinarse con los de la vista cuando recorre el contorno del modelo, trazan un isomorfismo entre ellos que se interioriza en el psiquismo generando la imagen, compleja, completa del modelo. Por este motivo, adquiere densidad nuestra afirmación de que el dibujo naturalista con modelo vivo no depende de lo que se mira, sino de la exteriorización de un "esquema del objeto" construido por la acción.

Según nuestro parecer, se trata de un ejemplo inmejorable de interiorización piagetiana de acciones que concluye en una imagen interior, posteriormente exteriorizada en el dibujo y que constituye una instancia de corroboración que es independiente, como lo pide la metodología científica, tanto de la teoría piagetiana como de nuestra teoría psicosocial.

El que los artistas dibujen luego el modelo como si se viera desde arriba o desde cualquier ángulo imaginable, confirma que el esquema de la imagen es completo y no corresponde únicamente a la vision parcial que se obtiene desde el lugar en que se encuentran.

Recordemos que para Piaget, una manera de definir la intersubjetividad es como la coordinación de todos los puntos de vista posible, que se aceptan en consecuencia como versiones válidas de un mismo esquema. En este sentido, cuando las técnicas de dibujo logran coordinar todos los puntos de vista, merced a un "sistema de transformaciones", contribuyen a forjar, desde el arte, la objetividad.

Encontramos además -en una nueva corroboración de la tesis de que la percepción depende de la inteligencia y no de la agudeza de la vision- que los niños realizan un dibujo rígido, pobre, aunque vean mejor que los adultos, debido a que sus estructuras psíquicas poseen un desarrollo pobre, que madura más adelante.

Asimismo, cuando en algún momento utilizamos la teoría psicosocial para analizar obras de arte, vimos en esta muestra de fertilidad -como sucede con las teorías científicas- una muestra adicional de que nos encontrábamos en el camino correcto.

¿Qué entendemos por estructura y por qué nos resulta explicativo del arte, ademas de que nos provee de un mecanismo -de las acciones isomorfas a las estructuras psíquicas-, mediante el cual éstas aparecen en la obra de arte?

El término de estructura ha sido tan llevado y traído desde las discusiones de los sesentas que tiende a olvidarse que tiene un uso preciso en matemáticas, definiéndose como un conjunto que consta de elementos y de relaciones entre los elementos.

En este sentido, las estructuras que propone Piaget se ajustan a la definición matemática.

Es necesario aclarar que lo que se interiorizan no son las acciones como tales, sino el esquema de la acción, que es el elemento formal que tienen en común todas las acciones de un mismo tipo, o para decirlo de otra manera, aquello que hace que identifiquemos a diversas acciones como pertenecientes al mismo conjunto de acciones.

Este esquema de la acción, consta -para Piaget- de la acción propiamente dicha y de su inversa. Así, lo que se interioriza no es únicamente la acción de ir -si este fuera el caso-, sino también, e inseparablemente, la de volver; la de tapar, y la de destapar. Para el esquema de acción, es indiferente que es lo que va, o lo que vuelve; lo que se tapa o lo que se destapa. La inversa de las acciones es esencial para la epistemología de Piaget, pues garantiza distintas constantes que son necesarias para la construcción del conocimiento. Sólo si se invierte en la subjetividad la acción de tapar, el niño comprende que el objeto no ha desaparecido cuando deja de percibirlo -permanencia del objeto-, o que la cantidad de sustancia (Piaget utiliza en sus experiencias una bola de plastilina) de una esfera es la misma aunque se la aplaste, pues al revertirla en el psiquismo, comprende que la cantidad de materia no ha variado. Y así sucesivamente.

No ahondaremos en la epistemología piagetiana más que para indicar que esta operación inversa, junto con la posibilidad de asociar esquemas de acción y transitar de uno a otro - características intrínsecas de las estructuras piagetianas-, hace que las reglas que rigen la construcción de las acciones interiorizadas coincidan -aproximadamente- con los axiomas que definen al grupo matemático, transformándolo en un ejemplo -técnicamente, un modelo- de la teoría matemática de grupo. Y esta es, por definición, una estructura[1], sin que al definirla tengamos que hacer referencia a entidades ocultas o metafísicas.

Además de ganar en precisión con la introducción de nociones formales en el análisis del arte, éstas permiten hablar de propiedades -y por consiguiente pensar en ellas- que no tienen formas de expresión en el lenguaje usado anteriormente. Se puede, por ejemplo, hablar de relaciones entre es-

---

[1] Piaget denomina a la forma de las estructuras psíquicas *agrupamiento*, para distinguirlas del grupo matemático del que difiere ligeramente. Estrictamente, se trataría de un subconjunto suyo. En rigor, estructura es cualquier sistema que consta de elementos y de relaciones entre ellos, siendo la que propone Piaget una de ellas.

tructuras, como sucede con la relación de isomorfismo o de homomorfismo que postulamos entre las estructuras del artista y las de la obra de arte.

¿Cómo usamos este concepto en nuestra aproximación al arte?

Comencemos por definir que dos sistemas son isomorfos si y sólo si a cada elemento en un conjunto corresponde un elemento en otro, y a cada relación en un conjunto, una relación en el otro conjunto. De manera menos formal, podemos decir que son isomorfos si pueden superponérselos sin que se pierda información.

Uno de los puntos a remarcar, es que si dos conjuntos son isomorfos, *poseen la misma estructura*.

Recordemos que la noción de estructura es una noción formal, para la cual es indiferente cuáles sean los elementos y cuáles las relaciones. Pueden ser isomorfos conjuntos radicalmente distintos. Por ejemplo, es legítimo expresar en este lenguaje que las estructuras presentes en el psiquismo y en la obra de arte son isomorfas, aunque sus respectivas sustancias sean intrínsecamente distintas.

Podemos decir, así, que son isomorfas las estructuras de la música escrita en el papel pautado y las del psiquismo del pianista cuando las lee; las del movimiento de los dedos sobre el teclado cuando la ejecuta; las del golpear de los martillos sobre las cuerdas; las de las vibraciones del aire que provocan; las del vaivén de una membrana cuando las reciben; las de las profundidades variables del surco en el cilindro encerado cuando una púa registra la vibración; las del movimiento de la aguja que reproduce el sonido; las de las vibraciones en nuestro tímpano, y finalmente, con las de nuestro psiquismo cuando escucha la música.

El isomorfismo que recorre todos estos sistemas formados por materiales y relaciones disímiles, nos permite decir que desde el psiquismo del pianista que interpreta una partitura, hasta nuestro psiquismo, todas las instancias intermedias, sea el movimiento de las teclas del piano o el parlante del tocadiscos, poseen la misma estructura que la del Concierto No 1 para Piano que escribió Tchaikovski hace más de cien años, y que el psiquismo de Tchaikovski cuando lo escribía.

En nuestra concepción, poseen la misma estructura el psiquismo del artista, la obra de arte y el psiquismo del espectador cuando percibe la obra; son asimismo isomorfos los movimientos del pincel, cincel o punzón con que se realiza la obra, exteriorizando acciones -isomorfas- a las que se interiorizaron previamente. Esquemáticamente:

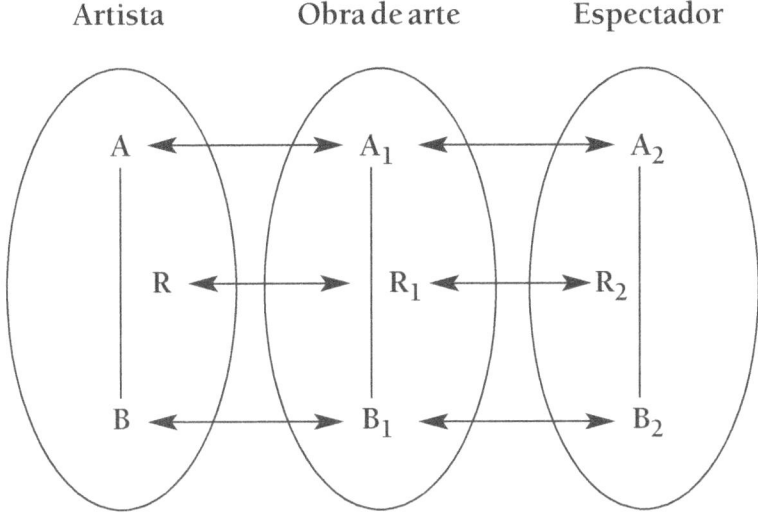

En el esquema, el primer óvalo representa el conjunto de elementos y relaciones que pertenecen al artista, el segundo a la obra de arte, y el tercero es un espectador cualquiera.

A y B son los elementos del primer conjunto, A_1 y B_1 los elementos del segundo conjunto, y A_2 y B_2 los elementos del tercer conjunto. R, R_1 y R_2 designan las líneas que van entre los elementos y que representan a las relaciones que los conectan.

Relacionamos ahora A con A_1 y A_2, B con B_1 y B_2, y R con R_1 y R_2. Al vincular entre sí los elementos y relaciones de tres conjuntos distintos, establecemos que tienen la misma estructura.

Si aceptamos con Kant que la objetividad puede ser caracterizada como la intersubjetividad, resulta evidente que hemos representado a una misma objetividad estructural que atraviesa al artista y a su público, coincidiendo con la de la obra de arte.

En realidad, este es un esquema reducido. No implica que existan las mismas estructuras -y sólo ellas- en el artista, la obra y el espectador. Sólo que se superponen parcialmente en algunos puntos, haciendo que la porción superpuesta -e isomorfa- sea un subconjunto de estructuras más amplias.

Esto es así, porque las estructuras globales del artista son más ricas que las que plasma en una obra -de hecho, se trata de una selección de las mismas.

En cuanto al espectador, no tiene por qué captar todas las estructuras presentes en la obra de arte. A todos los efectos, sólo es necesario que algunas de sus estructuras psíquicas coincidan con algunas de la obra de arte para que la comprenda -incluso no gustando de ella-. Si no tuvieran ninguna estructura en común, no podría ni siquiera percibirla, como si estuvieran realizadas en un material invisible.

El esquema ampliado permite comprender, por un lado, la creación del artista -no agotado en una sola obra-, y por el otro, la comprensión cada vez mayor por parte del espectador, en la medida en que profundiza en ella.

Si liberalizamos aun más nuestro esquema, podemos hacerlo apto para comprender el fenómeno de la creación, no sólo en el artista, sino también en el espectador.

Para eso, basta con añadir que las estructuras de la obra de arte no se encuentran presentes desde siempre en la subjetividad del artista, sino que se construyen recortando, asociando y trasladando estructuras ya existentes. Aunque existe una intencionalidad artística que motoriza la creación, el mecanismo y la combinatoria con que se logra permanecen inconsciente para el propio artista, que cuando la exterioriza, obtiene algo más -y quizás distinto- a lo que se propuso inicialmente. Estas reglas inconscientes del proceso de creación hacen, entre otras cosas, a la riqueza del arte, a la sensación de extrañamiento que perciben algunos artistas cuando contemplan lo realizado, aunque hayan reflexionado largamente acerca de las imágenes que plasman en sus obras, y de sus aspectos formales.

El fenómeno es más notorio si pasamos a considerar el hálito poderoso que habita en la obra de arte -su contenido simbólico-, ese que lleva a sus múltiples lecturas, el que provoca los sentimientos más profundos y más encontrados, y que casi siempre permanece velado para quien lo exterioriza.

Por este motivo, posiblemente no sea el artista el mejor crítico y analista de su obra, que en cierto sentido le es distante, casi ajena -tanto como su propio inconsciente-, siendo posible constatar -en ocasiones- que entre su discurso explicativo y la obra media una distancia que el artista no visualiza como tal.

En cuanto al espectador -alejado de toda pasividad-, enriquece su subjetividad con los materiales presentes en la obra de arte, combinándolos con los propios, al paso que acrecienta a la obra con nuevas interpretaciones, que están allí, a la espera de quien quiera -o pueda- construirlas. (Hadjinicolaus 1981 enfatiza las diversas interpretaciones de las obras de arte en el curso de la historia, ligándolas a circunstancias sociales.)

En estas consideraciones se encuentra implícita una concepción de lo nuevo, que se considera el resultado de una combinatoria parcial -constructiva- de lo ya existente, sean estructuras o elementos, y que se opone al "emergentismo" -o aparición de lo nuevo al llegar a un cierto grado del desarrollo-, por considerar que significaría aceptar un proceso de generación espontánea, y asimismo se opone al "apriorismo", que considera que lo nuevo se encuentra implícito en lo viejo, pues sería negarlo en su especificidad, precisamente la de ser nuevo.

Otro aspecto que se oculta en el esquema, es que para que exista la intersubjetividad -parcial- entre artista y espectador, se necesita que compartan ciertos desarrollos culturales, ya que no creemos en la existencia de mecanismos "a priori" en la condición humana, más allá de la económica y mínima ontología que implica la posibilidad de interactuar con el mundo, e interiorizar estructuradamente ese accionar.

Responder cuáles pueden ser estos desarrollos culturales comunes, equivale a responder la pregunta que plantea Marx (1977) acerca de por qué todavía nos emocionan las obras griegas, aunque la sociedad que las generó haya desaparecido hace tiempo.

Parcialmente, las investigaciones de *La estructura psicosocial del arte* están destinadas a encontrar esos elementos formales, de imágenes, simbólicos y emotivos que comparte una mayoría de los seres humanos desde la antigüedad, y que hace que el arte que construyeron no permanezca opaco para quienes lo contemplan fuera de su tiempo histórico.

Resulta evidente que si las relaciones formales elementales con las que se estructura el conocimiento se forjan en el ser humano en la niñez y la adolescencia -con algunos desfasajes y demoras en sociedades más elementales y que no estimulan su aparición-, las propuestas formales involucradas en la obra de arte no pueden menos que ser percibidas por todos los espectadores, al menos desde la revolución neolítica, cuando se plasma una sociedad lo suficientemente compleja como para que los intercambios sociales que implica posibiliten la aparición de estructuras lógico-formales asimismo complejas.

Lo mismo sucede con las imágenes de los seres humanos, de la naturaleza, de las relaciones familiares elementales, compartidas y comprensibles para todos los que conocen el mundo natural y viven en sociedad; no pasa lo mismo con las imágenes religiosas -habituales en el arte- aunque algunos de sus elementos coincidan en distintas religiones.

En cuanto al contenido simbólico, es claro que algunos contenidos permanecen constantes, o al menos poco alterados al pasar de una sociedad y un tiempo histórico a otros -como los que se refieren al erotismo, a las relaciones familiares, al amor, los celos, el odio-. No sucede así con los que poseen un carácter más histórico, que cambian continuamente con el paso del tiempo, al compás de la evolución de las sociedades -como los que aluden a relaciones feudales o esclavistas, o religiosas-; en este caso, posibilitan las sucesivas lecturas de las obras, cuya intersubjetividad permanece anclada en los elementos más estables de las estructuras, sean formales o de imágenes.

2.3. A qué llamamos arte.

Curiosamente -para algunos- en *La estructura psicosocial del arte* no se define el arte, más allá de expresar que consiste en crear un objeto nuevo mediante la exteriorización de estructuras psíquicas. Ya hemos mencionado que se intentó responder más bien acerca de sus condiciones de posibilidad.

Esto es así por profundos motivos metodológicos. Entre ellos, la creencia de que decir "el arte es tal y cual cosa", equivale a sostener que existe algo llamado *esencia*, a la que señala definitivamente el conjunto de términos de una definición.

Si pensamos, junto a Wittgenstein, que ninguna definición cubre a todos los objetos que se acepta son mencionados correctamente por un término dado, se comprende que nos negáramos a definir el arte. Simplemente, las definiciones -y las esencias- no se encuentran comprendidas dentro del ámbito teórico en el que nos movemos.

Ahora bien, si quisiéramos dar una respuesta a la pregunta de qué es el arte, que respete estas razones, y al mismo tiempo a nuestra concepción psicosocial, la misma rondaría alrededor de lo siguiente:

Primeramente, diremos que identificamos al arte -y a los valores que llamamos estéticos- por la posesión de elementos formales -recordando que los términos forma, estructura o Gestalt son equivalentes-.

En segundo lugar, que siendo el ser humano un sujeto estructurado que exterioriza estas estructuras en su accionar, todo aquello que realiza posee estructura, es decir, forma, y, por lo tanto, participa de lo que llamamos valores estéticos. Todo lo que realiza el hombre, entonces, es susceptible de ser llamado arte, ya que la posesión de factores estéticos coincide con el tener forma.

Sabemos, sin embargo, que las palabras son sólo etiquetas convenientes para movernos por el mundo, y que -como hemos visto- cubren muy imperfectamente el universo de su referencia. Su valor radica en que permiten partir el universo en cosas a las que es legítimo aplicarlas y cosas a las que no; de lo contrario no tienen valor informativo, son triviales. Una palabra que designe todo lo que realiza el ser humano -como hemos dicho que sucede con "arte"-, y que coincide con "hecha", o "fabricada" o "realizada", etcétera, no tiene más utilidad que éstas, sin acotar el universo de lo que entendemos por arte, más que para separarlo de los objetos de la naturaleza. No separa los objetos artísticos de los que no lo son, pues todos ellos involucran, de una manera u otra, elementos estéticos.

En cierto sentido esto es así, como fue puesto de manifiesto por Marcel Duchamp cuando expone en 1913 el primer ready-made, un objeto de producción industrial presentado como si fuera un objeto artístico y que consistía en una rueda de bicicleta clavada sobre un taburete. Lo mismo hacen otros tantos artistas que -luego de este intento- toman objetos comunes, con usos definidos, los descontextualizan, y al hacerlo, los transforman en objetos artísticos. Resulta evidente que si contemplamos sólo los aspectos formales, estéticos, desvinculados de sus aspectos utilitarios, transformamos -potencialmente- a cualquier objeto en obra de arte. Como es evidente, en el proceso adquieren una fuerte carga simbólica. Algo así quería decir Kant (1977) cuando expresa que para que haya belleza artística, el agrado que causa debe ser desinteresado, ajeno a toda apetencia y libre. El arte, nos dice, es "una finalidad sin fin". Cuando el único interés que nos guía en la contemplación de un objeto es el estético, entonces deviene arte.

¿Sólo esto tenemos para decir acerca del arte? ¿Que algo sea arte depende de nuestra intencionalidad, de nuestro desinterés al contemplarlo, aunque sea una actitud compartida y no simplemente individual?

Observemos que en esta etapa de nuestras investigaciones tendemos a referirnos al arte como aquello que se encuentra legitimado por su pertenencia a museos y colecciones.

Implícitamente, proponemos que posiblemente la única vía que tenemos para separar lo que es arte de lo que no lo es, proviene de consideraciones de índole social, y no sólo de la intencionalidad con la que se lo contempla, o de tomar en cuenta a su estructura formal -un tópico al que nos referiremos más adelante-.

Lo que diré ronda casi lo trivial, aunque cumple su función de partir el universo del discurso: llamamos arte a todo aquello que socialmente se considera arte; sea este un juicio realizado por la sociedad en su conjunto -lo que no ocurre con el arte moderno-, o por un particular conjunto de expertos.

¿Qué ocurre cuando algo se propone como arte, pero no tiene algún tipo de consenso social para ser considerado como tal? Más allá de la respuesta que puede dar el paso del tiempo -con la aceptación o el rechazo que pueda traer-, en una primera aproximación correspondería abrirle un crédito a futuro si se aproxima -en algún sentido- a manifestaciones que inequívocamente han sido consideradas arte y presentan, desde su construcción, la intersubjetividad necesaria como para eludir el arbitrio de la subjetividad aislada.

Como resulta obvio, en lo anteriormente expuesto no hemos avanzado ningún criterio para diferenciar una buena estructura de una mediocre -una buena obra, de la que no lo es-. Si todo objeto se encuentra estructurado -y por lo tanto puede ser considerado estético- nada dice esta afirmación acerca de si es estéticamente valioso, o no lo es.

Quizás tampoco existen medios para distinguir una buena Gestalt -una buena estructura- de una que no lo es -contrariamente a cómo lo llegó a pensar la escuela psicológica que lleva este nombre- y con ello se desvanece la posibilidad de adelantar juicios de valor acerca del arte. Quizás, la tarea de la crítica de arte sea sólo de análisis -en un sentido del que nos ocuparemos más adelante- y no de asignar puntos en una escala de valores -belleza o lo que fuere-.

En el contexto de la teoría psicosocial, probablemente estemos autorizados a decir que una obra es buena si tiene rasgos de semejanza con obras que son reconocidamente buenas; una derivación de los parámetros adelantados por Wittgenstein, para quien la única condición para aplicar un predicado cualquiera a un objeto, es que se parezca a un objeto paradigmático en el cual la aplicación es inequívoca, y suponer entonces que es correcto asignarles la pertenencia a una misma clase. Al proponer esta manera de evaluar el arte, simplemente consentimos en expresar que el gusto coincide con lo sancionado socialmente como valioso y se educa en su frecuentación.

Y que si se carece de antecedentes con los cuales compararla -por creérsela radicalmente nueva-, el único camino reside en pretender aproximarla

-subsumiéndola o diferenciándola- a formas de arte conocidas, con parámetros de evaluación largamente consensuados por la comunidad de expertos, e intentar definir su semejanza y su diferencia. Otra forma de decir que sólo se pueden emplear en la evaluación las estructuras que se poseen y, a partir de ellas, construir las nuevas.

Cuando se realizan hipótesis acerca del valor estético de las distintas formas artísticas siguiendo este criterio, se asume, como sucede con todas las hipótesis, el riesgo de "equivocarse", que en este caso específico toma la forma de que no sean corroboradas por el resto de los expertos. O simplemente, de que estos demoren en otorgar su acuerdo y que quien las haya adelantado sea el portavoz de la estética del futuro.

El supuesto implícito de que efectivamente existen obras de arte valiosas -que coinciden en gran parte con las que observamos en museos, galerías y espacios públicos- y de que hay una diferencia entre cualquier diseño industrial o artesanal y el arte propiamente dicho, no se basa en la posesión de alguna particularidad absoluta.

El reconocimiento social, como modo de identificar *prima fascie* al objeto artístico y a su valor -que mencionáramos anteriormente- no carece de fundamentos, puesto que asienta en cuestiones que hacen a la constitución del sistema social en el que se produce el arte, pero también en los efectos que provoca su carácter colectivo sobre sus aspectos formales, simbólicos, representacionales, que los hacen -en principio- cualitativamente distintos, producto de una densidad social e histórica que los diferencia.

Se trata de un sistema social específico, que junto con el arte, produce su reconocimiento mediante normas de valor que separan lo más valioso de lo menos valioso y cuya continua construcción hace que operen incluso retrospectivamente, con reconocimientos tardíos a lo que en un principio se desechó.

En *La estructura psicosocial del arte* nos referimos a este sistema de producción, sin sacar alguna de sus consecuencias lógicas.

Como veremos más adelante, profundizamos en estos conceptos y particularmente, en establecer que las estructuras propias del arte son el producto colectivo de un sistema específico, el artístico, que elabora las bases estructurales para las creaciones de los individuos y a las cuales las obras aisladas recrean y al mismo tiempo desarrollan.

Estas estructuras comunes a todos los artistas de una época, o de una escuela determinada, condición de posibilidad de todas las obras creadas durante su período de vigencia -a las que llamamos tradiciones, o ya más dentro de la práctica artística, estilos-, perduran en el tiempo durante lapsos variables que oscilan entre siglos y decenios (Llamaremos indistintamente a las estructuras comunes a una comunidad artística, tradiciones, estilos, escuelas, o corrientes artísticas. También llamaremos indistintamente al agente social que las produce, comunidad o colectivo.)

Son por este motivo además de sociales, históricas, ya que la comunidad artística que las toman y las recrean, las transmite a las generaciones siguientes para su desarrollo ulterior. En cierto sentido, es legítimo expresar que el arte se identifica con esas tradiciones artísticas, debido a que las obras individuales son sólo una manifestación suya, un producto de la comunidad que la comparte.

Pues bien. Aceptando que lo propio del arte es la exteriorización de la propia subjetividad, pensamos que gran parte de ella es común a todos los miembros de una comunidad social determinada. Estas estructuras compartidas se forjan a través de pautas culturales muy generales, pero también, y más específicamente, de una práctica y un aprendizaje comunes, y un intercambio entre pares que garantiza -al igual que en la actividad científica-, la intersubjetividad y el mutuo enriquecimiento y modificación de los propios puntos de vista.

Por este motivo, el arte debe considerarse el producto de una tradición histórica milenaria, sustentada por comunidades artísticas numerosas, que toman lo heredado y lo transforman en una labor que es individual, pero también colectiva.

Es en el seno de esta tradición que los niveles de exploración de problemas y soluciones plásticas -incluyendo los específicamente técnicos- son exhaustivos, y se acumulan sobre las soluciones anteriores. Las obras de arte muestran en el resultado de esta labor de búsquedas y hallazgos, su riqueza, diversidad y complejidad especificas, como no pueden hacerlo los objetos de uso -sean industriales o artesanales-, creados por fuera de ella por otras comunidades. Simplemente porque sus tradiciones difieren, y esto debiera resultar obvio al análisis, aún cuanto participen de los valores estéticos.

Podríamos enunciar como axioma que cuanto más prolongada sea la historia de un colectivo artístico, cuanto más activo y numeroso sea, mayor será la densidad de las estructuras artísticas y de las obras mismas.

El arte moderno pudo únicamente darse luego de que el arte tradicional llega con toda su carga histórica a uno de sus puntos máximos de desarrollo, y que sus legítimos herederos se revelan contra él luego de conocer sus secretos, sus fortalezas y sus debilidades, para hacerlas explotar en algo nuevo. No sugerimos que el artista individual del momento actual deba recorrer este camino y comience por dominar el arte tradicional -como hicieron algunos de los fundadores del arte moderno-. Los artistas actuales nacen, naturalmente en el arte moderno, como anteriormente nacían en el barroco, o en el clasicismo, sin necesidad de pensarlo, ni de rehacer el camino ya trazado.

Quizás por eso sea el arte moderno tan variado, multicéntrico, innovador; por la ruptura con el pasado, en una medida cada vez más acelerada, a tal punto que no llegan a establecerse tradiciones duraderas, pero también porque el número de artistas que interactúan entre si, en un mundo cada vez más reducido por los modernos medios de comunicación, es el mayor de la historia del arte.

Esta es una respuesta algo más satisfactoria: llamamos arte a aquello que produce una comunidad social especifica, que es aceptado, en algún momento de su desarrollo, por el campo artístico primeramente, y luego por extensos grupos sociales, y que posee un sello distintivo proveniente de sus tradiciones peculiares. La referencia a comunidades artísticas, que comparten ciertas estructuras -tradiciones o estilos-, hace asimismo más comprensible y acotado el criterio de valoración que enunciáramos como generalidad: las buenas obras de arte son las que satisfacen los criterios de excelencia de los estilos a los que pertenecen, y que se encuentran ejemplificadas por las obras reconocidamente "excelentes", a cuyos parámetros deben aproximarse las que aspiran a esta calificación. En aquellas que son radicalmente nuevas, la única posibilidad, mientras se elaboran colectivamente las pautas de excelencia, es asimilarlas a estilos que les son formalmente próximos, sea para hacerlas una continuación suya o para diferenciarlas de ellos.

Otro criterio diferencial entre las obras de arte en su sentido más clásico y otras manifestaciones del quehacer humano a las que sus elementos formales llevan a apreciarlas estéticamente, es la búsqueda constante del arte por ir más allá de lo estrictamente formal, en pos de un contenido simbólico que no se desvincula de él y que es asimismo estructurado. Con esto, una vez más queremos indicar aquello a lo que lleva a pensar o imaginar la obra de arte y que no se encuentra más que fragmentariamente presente en las imágenes que se perciben; o incluso más allá, a su contenido latente, por oposición a su contenido manifiesto; unas estructuras más profundas, que rozan el inconsciente de los espectadores.

Decimos que la actividad artística, esta necesidad de exteriorizar las propias estructuras, es inherente al ser humano desde el comienzo de la historia. Lo hace con forma, sí, satisfaciéndolo estéticamente. Pero asimismo, al exteriorizar sus estructuras más profundas, exorciza los temores y las ansias inconscientes, liberándolo.

Dice Ernesto Sábato que el arte es el sueño colectivo de la sociedad, sin el cual no podría subsistir, así como los hombres no pueden vivir sin soñar. Esas estructuras simbólicas afloran en la obra de arte al menos de dos maneras distintas. Primeramente, cuando sus imágenes construyen universos míticos -como llamamos a cualquier mundo posible que no sea el de la experiencia-, a los que al cabo de un tiempo tendemos a vivir como reales. Universos que metaforizan el nuestro, mostrándonos sus aspectos menos evidentes, más ocultos, como lo hacen con sus mundos míticos Jose Luis Cuevas o Dalí. Y también, cuando a través de ellas nos arrastran hacia imágenes inconscientes, asomadas entre los intersticios de las imágenes presentes en las obras de arte, furtivas como actos fallidos, que se estructuran siguiendo los cánones del lenguaje simbólico para integrar narraciones que llamaremos míticas. Esta es, quizás, la más inquietante de las funciones del arte: la de narrar, a partir de imágenes incluso únicas -como es el caso de las artes plásticas-, historias míticas. El arte es así mitopoyético, formador de mitos, que transmite luego; el artista pleno es aquel que propone sus mitos al conjunto de la sociedad.

Posiblemente en esta capacidad básica se apoyan todos los usos sociales del arte, puesto al servicio de la magia, las religiones, las clases sociales, la política o el estado. Todas las fuerzas sociales que se suceden en la historia intentan apropiarse en su provecho de esta potencialidad para sentar su hegemonía, pretendiendo, vanamente, domeñar el poder mitopoyético del arte y hacerlo decir -demasiado transparentemente- lo que quieren que transmita a los demás: esta es la forma de conseguir alimentos, esta es la mejor religión, este es el único dios, esta es la mejor clase social, el mejor estado. Un buen ejemplo actual -y además probablemente exitoso- lo constituye el muralismo mexicano, al que la revolución eligió como medio para legitimar y dotar de un mito fundacional a un estado nuevo. O, más lejano en el tiempo, a la religión católica, difundiendo sus relates sacros en frescos vitrales y esculturas, hasta que permearon todo el pensamiento de una época.

Sin embargo, por debajo de este relato más aparente, corren otras mitologías que hacen al poderoso atractivo del arte y que fuerzan nuevas -renovadas- interpretaciones cuando pasan los tiempos; y la interpretación sancionada por la fuerza es historia, junto con los agentes sociales que la imponen. Los mitos profundos, inconscientes, que no podemos a veces verbalizar ni apreciar en toda su dimensión, que sólo emergen allí, en el arte, en los sueños, en las acciones involuntarias. Los mitos que en su origen parecen individuales, casi íntimos, propuestos por el artista en sus obras. Los mitos que construye con sus propios elementos quien los contempla, y que aunque individuales, coinciden a veces con los de su tiempo.

Esto, que quiéranlo o no exteriorizan los artistas en sus obras, no es función de otras exteriorizaciones estructuradas del psiquismo humano -como los objetos de uso- y hace a su diferencia especifica.

Por fuera del implausible mundo de las esencias, una teoría que habla de estructuras para fundamentar lo estético; de consenso social para iniciar la división de ese universo formal que integran el arte y los objetos de uso, de comunidades artísticas, tradiciones plásticas y mitologías siempre renovadas, para pensar sus diferencias, puede ser una herramienta para comprender el arte, y estudiarlo en su especificidad, sin aventurarse en definiciones acabadas y definitivas, que no son su objetivo, ni responden a su horizonte conceptual.

3. Las historias del arte y de la ciencia.

En este apartado se muestran los avances teóricos realizados a partir de la consideración de los lenguajes propios del arte -los estilos-, que se conciben, primeramente, como esas estructuras expresivas a través de las cuales se filtran las demás estructuras presentadas en *La estructura psicosocial del arte*. Posteriormente, y luego de sacar las consecuencias de los hallazgos en las teorías del arte y de la ciencia, se advierte que, obligatoriamente, las redefinen.

Los estilos expone el descubrimiento de las semejanzas estructurales -allá por 1982- entre la concepción de la historia del arte de Enrique Wölfflin y la concepción de la ciencia de Thomas Kuhn.

La historia del arte como historia de los estilos sintetiza la concepción de la historia de Enrique Wölfflin.

Dos historias paralelas muestran las semejanzas que posee con la concepción de la ciencia de Thomas Kuhn.

Un programa de investigación después de Piaget menciona las consecuencias de los hallazgos anteriores para una teoría de los campos culturales, presentándose a la concepción de Wölfflin como un paradigma teórico que es completado por investigaciones posteriores y enriquecido por teorías epistemológicas.

De ellas surge un programa de investigación, cuya exposición ocupa gran parte de las páginas posteriores a este capitulo, y que redefine todos los tópicos centrales que se expusieron en *La estructura psicosocial del arte*: las estructuras formales, perceptuales, simbólicas del arte y la estructura social que implica. Al hacerlo, comienza a adentrarse en una teoría de la cultura.

3.1. Los estilos.

Probablemente, la investigación más temprana que nos lleva a completar nuestra teoría psicosocial del arte es la que surge de un extraño suceso, lo suficientemente sorprendente como para provocar una obsesión teórica. Por supuesto, no pensamos que las fijaciones psicológicas pudieran ser objeto de la atención pública, si no fuera porque merced a esa sublimación que el entrenamiento profesional provoca en los filósofos, se convierte en un programa de investigación, que revisa, amplia y parcialmente modifica lo expuesto anteriormente. (Fue descubierto alrededor de 1982, y expuesto en una primera versión en un Coloquio Nacional sobre Enseñanza del Arte, en México DF.)

Narraremos aquel suceso, para pasar a considerar su estructura y las consecuencias que se derivan de ella, en relación directa con su fertilidad teórica.

Ocurre durante el transcurso de lecturas acerca de la historia del arte, y de las teorías que explican su desarrollo. Curiosamente, en la medida que se avanza en ellas, despiertan extraños ecos, resonancias insospechadas en otras lecturas a las que debieran ser ajenas. Si, como nos recuerda Roland Barthes (1978, 1979), toda lectura adquiere pleno sentido sólo en la intertextualidad, en la urdimbre de textos que se entretejen con el texto original, si toda escritura es un dialogo sobrentendido con otras escrituras a las que permanentemente se hace referencia sin nombrar (¿cómo entender una intertextualidad imposible, ajena a los autores respectivos, y que, sin embargo, a los ojos del lector interesado arroja una luz inesperada sobre ambas escrituras?)

Pues contra toda expectativa, las teorías acerca de la historia del arte presentan una semejanza inquietante con las teorías de la historia de la ciencia, desarrolladas independientemente por comunidades mutuamente extrañas de teóricos, lo que sin duda influye para que el fenómeno no sea mayormente advertido.

¿Cuáles son esas historias paralelas, y cuál es el parecido estructural que presentan? Se trata de la historia de la ciencia según Thomas Kuhn (1971, 1982) y de la historia del arte según Enrique Wölfflin. Sus semejanzas, que luego pasaremos a considerar, son tan marcadas que hacen pensar en una influencia no confesada, aunque Kuhn, tan puntilloso a la hora de confesar las fuentes en las que abreva su pensamiento, no menciona nunca a Wölfflin, ni siquiera cuando en un par de ocasiones habla de las relaciones entre ciencia y arte. La influencia inversa es simplemente imposible: Wölfflin (1979, v. alemana 1915) publica su obra casi cincuenta años antes que Kuhn.

Ambos originan movimientos teóricos en sus respectivos campos, con seguidores y detractores notorios. Aquí también aparecen las semejanzas. Suscitan objeciones similares que provocan intentos de solución equivalentes, aunque con distinto grado de avance.

Resumiremos al primero y a continuación nos referiremos a aquellos aspectos de la historia de la ciencia, según Kuhn, en los que resultan más notorias sus semejanzas estructurales

3.2. La historia del arte como historia de los estilos.

En 1915, Enrique Wölfflin publica su obra *Conceptos fundamentales en la historia del arte*, en la que plantea una teoría de la historia del arte que rompe con la tradición historiográfica anterior. Su propuesta, en la que advertimos aires hegelianos, posee una actualidad desusada en un autor de principios de siglo, y puede equipararse a los intentos teóricos del estructuralismo contemporáneo, incluso superándolos.

Wölfflin es el primero en advertir que, concluido el periodo de recolección de las obras de arte en ámbitos especializados -los museos y galerías-, su agrupamiento según los distintos periodos históricos permite visualizar facetas inadvertidas hasta el momento.

Más allá de las características que le otorgan las peculiaridades del temperamento artístico de determinados países y la personalidad del autor, son reconocibles en pinturas, esculturas y edificios, rasgos comunes que los emparentan durante prolongados periodos históricos, que se miden por decenios o por cientos de años.

Estos rasgos, aunque impresos en las obras, no son obvios cuando se los mira aisladamente. Resaltan, en cambio, a los ojos del teórico que compara la producción global de ese periodo. Una vez que Wölfflin los señala, dejan de estar ocultos para ser percibidos con facilidad. Su teoría enseña a ver eso que llamó *estilo*, primero en cada época y luego en cada obra individual. Debió ser muy curiosa la reacción de sus contemporáneos, -que enfrentan el hecho de que hay en las obras rasgos de suma importancia-, y que, sin embargo, fueron invisibles para la crítica del arte durante centenares de años. Como en esos entretenimientos en los que debe encontrarse un elefante y un mono entre los trazos de un dibujo, el estilo estuvo siempre presente, sin ser percibido, hasta que Wölfflin enseña a verlo.

¿Qué es el estilo, entonces? Un conjunto de características interrelacionadas -una estructura, pues- que se mantiene constante durante un largo periodo histórico al que define con su presencia. Llamamos estructura a un sistema constituido por un conjunto de elementos de un dominio y funciones sobre ellos. Wölfflin, que compara los estilos clásico y barroco, los define por un conjunto de cinco pares de conceptos contrapuestos:

I. si se consideraba el trazo, uno es lineal y el otro pictórico;

II. con respecto a los distintos planos de la obra, uno es superficial y el otro profundo;

III. en cuanto a sus formas, uno es cerrado y el otro abierto;

IV. en cuanto a las relaciones entre sus imágenes, uno tiende a ser unitario, el otro múltiple;

V. uno es claro, el otro indistinto.

Una vez identificado, permite hablar de evolución dentro de un estilo -si este evoluciona-, de cambio de estilo, cuando se inicia una nueva etapa histórica.

Wölfflin, indiscutido como conocedor profundo de su disciplina, estudia dos estilos contrapuestos, el clásico y el barroco, sugiriendo a continuación que la historia del arte sea vista como una alternancia contínua entre ambos, no a la manera de una historia circular que se repite igual a si misma hasta el infinito, sino como las vueltas de una espiral que se despliega en el espacio, en la que una tangente marca con sus puntos de contacto las nuevas emergencias de un mismo estilo, cambiante, mas siempre el mismo.

Por estos motivos, la definición de un estilo está ligada íntimamente al otro estilo que se le opone, y su comprensión plena sólo es posible cuando se lo compara, contrastándolo, con el otro. El método de exposición que usa Wölfflin para visualizar nítidamente ambos estilos durante sus conferencias y comparar sus características, consiste en proyectar simultáneamente ejemplos de uno y otro, como lo narra Ernst Gombrich (1984).

Wölfflin menciona como ejemplos que el neo-clasicismo puede ser considerado un retorno del clásico y el impresionismo una recaída en el barroco.

Agrega que el auténtico objeto de estudio del historiador del arte son estos objetos estilísticos, estas estructuras que descubre el teórico y no las obras o los artistas. La historia del arte -desde su perspectiva- es la historia de la evolución de los estilos y de su alternancia en el tiempo.

Conscientemente traza una historia "interna" del arte, que no es la de la vida de los artistas. ("En esta dirección se sitúa el objetivo del presente libro. Ocúpase de la historia interna, por así decirlo, de la historia natural del arte, no de los problemas de la historia de los artistas." Wölfflin 1979 p. XIII).

De esta manera, se aleja notablemente de la concepción romántica de la historia, que otorga un rol preponderante al artista genial, quien mantiene una relación privilegiada con su creación, la obra de arte. La suya es una "historia sin nombres". Es la historia de la evolución de un estilo, en cuyo seno adquieren sentido las obras individuales como sus ilustraciones concretas. Cada uno de ellos domina el escenario histórico durante un largo periodo -a veces centenario-, para ser reemplazado por otro en un lapso más o menos breve, sin que pueda señalarse con exactitud su origen, dado que los elementos formales que los caracterizan aparecen poco a poco, aisladamente, para conjuntarse luego en un estilo acabado.

Tampoco puede indicarse en qué momento y a quién se debe cada momento evolutivo del estilo, puesto que tan pronto puede ser el fruto de varios autores sucesivos, como la creación total y conjunta de más de uno.

El estilo determina una manera de ver -una "optica", la llama-, a través de la cual se percibe al arte y la naturaleza. La visión no es directa ni ingenua; se encuentra mediada permanentemente por esta peculiar estructura perceptual que la condiciona. De allí que no todo sea posible en cualquier tiempo; el estilo, marca los límites de los problemas plásticos legítimos y a la vez señala cuáles son las soluciones adecuadas. Más aun, dice que los artistas, educados en esta óptica de una manera inconsciente, ignoran su existencia, así como solemos olvidar los anteojos cuando miramos a su través.

Agrega que la evolución de la "óptica" propia de cada estilo obedece, en el caso del paso de la simplicidad del clásico a la complejidad del barroco, a una ley psicológica elemental que dice que de lo simple se va a lo más complejo. El caso contrario, el pasaje del barroco a una forma clásica, como contraria a esta ley natural, sería causado por influencias sociales, externas al estilo.

Es necesario remarcar que un estilo no es superior a otro, simplemente es distinto y cualquier juicio de valor por el cual se prefiere alguno de ellos, resulta, por lo tanto, arbitrario.

Su intento teórico, provocativo y de una enorme originalidad, suscita la adhesión de los más importantes autores de su campo, quienes prefieren ampliar sus conceptos -rectificándolos en parte-, sin abandonarlos.

Así sucede con Arnold Hauser (1975), Erwin Panofsky (1980) o Ernst Gombrich (1984). La continuidad en la aceptación de la noción de estilo y su ulterior desarrollo, permiten apreciar con nitidez algunos de los problemas que presenta y las soluciones que proponen otros autores. Entre ellos, el escaso peso que asigna a lo social un hueco que es llenado por Hauser-, o al análisis de las imágines y su simbolismo -iconología e iconografía que desarrolla Panofsky-.

3.3. Dos historias paralelas.

Si en la lectura de este resumen acerca de la concepción de la historia del arte de E. Wölfflin se creen escuchar ecos de otra historia, probablemente la impresión sea la correcta. La presentación fue estructurada de tal manera que reprodujera en el lector la misma sensación, la misma percepción de semejanza que tuvimos hace más de 20 años. Prestar atención a esa semejanza significa profundizar en la relación entre la estructura de la teoría de Wölfflin, y la de aquella que evoca, la de la historia de la ciencia de Thomas Kuhn. Presentaremos una versión interesada de la misma, en la que se exponen los elementos que tienden a coincidir con los que nos ofrece la historia del arte, mas no por eso será un relato infiel. Por el contrario, aunque abreviada, contiene sus rasgos esenciales.

Para Kuhn, la historia de la ciencia tradicional, que narra la sucesión de los descubrimientos científicos, estipulando fechas y autores, y para la cual cada uno de ellos se agrega a los anteriores, en un enriquecimiento continuo y acumulativo, es tan falaz como lo son los folletos turísticos en la descripción de un país.

Antes de iniciar las investigaciones, los científicos ya tienen definido qué entes pueblan el universo, cuáles son las preguntas legitimas que pueden hacérseles, qué tipo de respuestas son las adecuadas, y cómo pueden ponérselas a prueba. Preguntas tales como quién descubrió el oxigeno y en qué fecha carecen de una única respuesta valida, apenas se estudia con cuidado la historia real. Ella nos revela que reconocer un descubrimiento como tal implica un proceso que lo sitúa en una teoría –que en el caso del oxígeno- todavía estaba incompleta y demora en estructurarse (Kuhn 1971).

Kuhn llama paradigmas a estas estructuras con las cuales los científicos exploran la naturaleza y que se inician cuando una escuela resuelve exitosamente problemas sentidos como centrales por una comunidad científica, que comienza en consecuencia a utilizarlos en sus propias investigaciones, pensando que obtendrá éxitos similares.

Durante un largo periodo de tiempo esta expectativa es satisfecha y los científicos contribuyen con sus hallazgos a la evolución de esta estructura que comparten. En una primera etapa de ciencia normal, la capacidad de los paradigmas para resolver los problemas parece no tener límites. Al cabo de un cierto desarrollo histórico, aparecen anomalías que los ponen en cuestión. Es el momento en que un pequeño grupo de científicos comienza a investigar por fuera del paradigma, iniciando un periodo de ciencia extraordinaria, al cabo de la cual formula un nuevo marco conceptual que compite con el anterior.

Si este marco conceptual se revela capaz de resolver las anomalías y los problemas que el paradigma anterior dejaba de lado, la comunidad científica lo adopta, transformándolo en el nuevo paradigma -incompatible e inconmensurable con el anterior-, y consumando una revolución científica.

Al igual que los estilos, los paradigmas determinan qué es posible y qué no lo es en cada periodo histórico, puesto que, tanto para Wölfflin como para Kuhn, los conceptos que definen al paradigma o al estilo se transfiguran en esquemas perceptuales que estructuran la visión, que llaman respectivamente Gestalt u "óptica", a través de la cual las estructuras determinan la percepción de la realidad -y, en el caso del estilo, también las formas de representación y de decoración. (Kuhn cita en su libro a dos escuelas psicológicas cercanas de las que ha tornado conceptos: la teoría de la Gestalt y la psicología genética de Jean Piaget. Un buen ejemplo de la primera es: Kohler, W., Koffka, L. y Sander, F. 1973).

Ambos -estilo y paradigma- poseen dos ritmos diferenciados de desarrollo. Por uno de ellos, trazan una onda de larga duración -de decenios o centurias-, caracterizada por el predominio y el desarrollo de una única estructura, la que es quebrada por el otro ritmo, el de la ruptura brusca, la transición breve entre un objeto abstracto y el que lo sucede. No es necesario forzar demasiado la comparación, para decir que la inconmensurabilidad del paradigma corre paralela con la de los distintos estilos, que resultan asimismo inconmensurables e incompatibles.

La narración histórica, en consecuencia, no debe consistir en la sucesión de los aportes individuales de científicos o artistas -descubrimientos, teorías u obras de arte-, sino en seguir el desarrollo de esas estructuras, que poseen la peculiaridad con respecto a estructuras de otro tipo, de estar inacabadas, y evolucionar, por lo tanto, en pos de su completitud a través del tiempo. Son aquello que poseen los científicos -o los artistas- antes de iniciar sus trabajos específicos, y a cuyo avance contribuyen con su labor creativa. Se trata, pues de una historia "interna", "sin nombres", si se habla exclusivamente del desarrollo de esa estructura, o de una historia en la que los nombres cobran su peso, cuando se narran las contribuciones individuales a esa historia común.

3.4. Un programa de investigación después de Piaget.

No continuaremos señalando las semejanzas -notorias, aunque insospechadas- entre una teoría acerca de la historia del arte con amplio consenso entre los especialistas más renombrados, la de Enrique Wölfflin, y una teoría acerca de la historia de la ciencia, la de Thomas Kuhn, que marcó un punto de inflexión en su disciplina y en la filosofía de la ciencia. Parecieran pertenecer a una misma familia de teorías, parafraseando a Wittgenstein (1958).

Diremos, sin embargo, que la comparación entre teorías pertenecientes a actividades tan -aparentemente- disimiles, no permaneció en el señalamiento de una curiosidad conceptual, en un mero motivo de asombro. Si lo hubiéramos hecho, hubiéramos dado a entender que la coincidencia en el tiempo de dos autores de disciplines tan distintas, separados en el tiempo por casi medio siglo, e investigando en países tan alejados como Suiza y Estados Unidos es un hecho casual. No valdría la pena insistir en el tópico.

Por el contrario, motiva un par de tesis adicionales, que transforman un simple hallazgo en un programa de investigación.

La primera consiste en pensar que la coincidencia, no es tal, que tiene una racionalidad profunda en el moblaje del mundo, en como las cosas son, y que responde a que los distintos campos culturales -entre los que situamos al artístico y al científico- poseen una estructura análoga, por lo que resulta natural que la índole de los problemas y de las soluciones que se elaboran en ellos sean semejantes. (Como a cualquier teoría, es necesario que la anteceda alguna presunción ontológica acerca de cómo es el moblaje del mundo, a manera de guía de la investigación. La tesis expuesta pertenece a esta categoría.)

El programa de investigación que desarrollamos a continuación y que parte de aceptar las similitudes estructurales entre el campo artístico y el científico, explora esta posibilidad y evalúa si las soluciones encontradas en uno de ellos son trasladables al otro, conjuntándolos en una teoría única de la que sólo expondremos la parte que corresponde al arte.

Más aun. Al sostenerse que los campos culturales tienden al isomorfismo, se propone hacer -tendencialmente- de esta teoría unificada de arte y ciencia, una teoría de todo el campo cultural.

La segunda tesis, que desarrollamos a continuación, justifica el profundizar la conceptuación de Wölfflin.

Ambos, Wölfflin y Kuhn, proponen una cierta organización conceptual de su campo de estudio -una teoría-, que reordena los elementos disponibles hasta ese momento, otorgándoles racionalidad.

Al igual que cualquier teoría, no sólo efectúa una reinterpretación de los mismos, sino que al mismo tiempo permite ver relaciones que permanecían ocultas, explicar factores que estaban implícitos en el arte y en la ciencia, pero que no eran evidentes anteriormente, así como abrir nuevos campos problemáticos.

Son, como las teorías científicas, estructuras inacabadas cuya aplicabilidad empírica y refinamientos conceptuales corresponde continuar a una comunidad teórica que los desarrolla durante un largo periodo de investigación "normal". Precisamente debido a esta circunstancia, son fértiles y se desarrollan en el tiempo.

Existe una cierta circularidad en sostener que las concepciones de Kuhn y de Wölfflin poseen estas características, pues implica que se las considera paradigmas teóricos en sus propios campos de estudios (o estilos), y por lo tanto, se comportan como tales.

Uno de los ejemplos más notables lo constituye la concepción estructural de las teorías desarrollada por Joseph Sneed (1971) y Wolfgang Stegmüller (1983), quienes utilizan la teoría informal de conjuntos para formalizar teorías científicas, y al hacerlo encuentran que muchas de las características que Kuhn atribuye a los paradigmas son explicadas por su formalización estructural, dándoles un rigor y una precisión de las que carecen. Años después, el propio Kuhn (1976) acepta que lo que intenta decir queda reflejado con exactitud en los análisis formales de estos autores.

En el caso particular del arte, hemos continuado a Wölfflin tomando como base de nuestras investigaciones fundamentalmente su concepción de estilo, una estructura que evoluciona durante periodos de tiempo más o menos largos para ser dejada de lado, reemplazada por uno u otros estilos, y que determina una peculiar forma perceptual (estructura perceptiva o Gestalt).

Extendimos, asimismo, la noción de estilo a las múltiples corrientes artísticas que se desarrollan desde principios de este siglo, ya sin pensar en la existencia de una única forma estilística en un periodo histórico determinado, como lo hace Wölfflin. El traslado de nociones desde la historia de la ciencia al arte nos permite hablar de la comunidad artística, como el agente social del arte -como lo es la comunidad científica con respecto a la ciencia-, y hacer de sus estructuras estilísticas formales, de imágenes, simbólicas y afectivas unas construcciones históricas y sociales que evolucionan en el tiempo.

Una vez aceptado que la noción de estilo -y su semejanza con la de paradigma- es central para el arte, configurando el núcleo de su lenguaje específico, la investigación hizo evidente algunas diferencias con la concepción de Piaget que permanecían ocultas, así como sus consecuencias para una teoría de la percepción artística y de la producción social del arte.

Comenzaremos con el distanciamiento con respecto a Piaget, y que tiene que ver con la aceptación -parcial- de su teoría del conocimiento, y del mecanismo basico con el cual el ser humano conoce el mundo, modificándolo y modificándose -la acción-, mas no de su epistemología del conocimiento adulto, i.e. de la ciencia. Por supuesto, estos desarrollos pueden ser vistos como una continuación compatible con el programa piagetiano y no como su negación.

Profundizaremos a continuación en el análisis de las estructuras simbólicas y su función en el arte, y en el de las estructuras perceptivas, consideradas como pos piagetianas a la luz de la concepción de los estilos.

Finalmente, analizaremos la estructura social del arte, tal como surge de tomar seriamente el hecho de que es producida por una comunidad específica, en un sistema productivo asimismo especifico. Se introducen, al hacerlo, capas sociales que junto con la de los artistas, son fundamentales en la producción artística.

4. Los estilos y las estructuras.

Las estructuras más allá de Piaget inicia una crítica a la percepción que tiene este del conocimiento científico y de sus condiciones de posibilidad, tal como lo expone en sus investigaciones acerca de la lógica del niño y el adolescente. Propone la consideración de estructuras *pos piagetianas* -centralmente estilos y paradigmas, respectivamente en las historias del arte y de la ciencia-, entendidas como aquellas estructuras psicológicas a las que se incorporan los sujetos cuando acceden a la cultura.

El plano simbólico del arte resume los hallazgos de *La estructura psicosocial del arte* con respecto al pensamiento y el lenguaje simbólico para adentrarse luego en los mecanismos interpretativos de la obra de arte, proponiéndose que remiten a relatos míticos socialmente construidos, así como sopesa las posibilidades de su análisis.

La percepción en arte profundiza en las consecuencias de pensar a los estilos como estructuras perceptivas. Se pasa así, de una percepción general a percepciones particularizadas, una para cada estilo. Se trata de estructuras perceptivas de índole cultural, desarrolladas históricamente por comunidades especificas y que caracterizan tanto a la ciencia y el arte -como lo piensan Kuhn y Wölfflin- como a las demás formas culturales.

Los estilos y el gusto plantea la comprensión del gusto y de la valoración del arte como fenómenos que se dan en el interior de cada forma estilística y sus consecuencias para la permanencia de obras artísticas del pasado, como las griegas, un problema que podríamos llamar *el desafío de Marx*.

Se propone un diseño experimental para corroborar estas hipótesis y su importancia para introducir en el arte a quienes no lo frecuentan habitualmente.

El estilo después de Wölfflin muestra los avances teóricos que se realizan a partir de Wölfflin, sopesándose las razones del desarrollo histórico de los estilos, así como la posibilidad de múltiples vías de desarrollo.

4.1. Las estructuras, más allá de Piaget.

Aunque *La estructura psicosocial del arte* comienza con una adscripción completa a la epistemología piagetiana -visto como un piagetismo radical, puesto que propone que todo el contenido psíquico está constituido por estructuras piagetianas-, el desarrollo teórico permite advertir que la teoría esbozada es compatible con cualquier epistemología que piense en la primacía del saber práctico y que suponga como elementos básicos la capacidad de aprender en la práctica y la estructuración de ese aprendizaje, bajo la forma de disposiciones a repetir, alterar e innovar el conocimiento práctico.

La clase de estructuración que propone Piaget es interesante, mas no es imprescindible para este desarrollo teórico. Ya que cuando se propone una estructura formal para analizar el saber práctico, la elección depende de las herramientas formales de las que dispone el investigador en un momento histórico dado.

Con esto se quiere decir que más de una estructura formal puede, en principio, resultar adecuada para reconstruir los hechos del saber práctico -no sin imprimirles su huella-, y su elección depende tanto de los fines que se propone el investigador, como del desarrollo de los sistemas formales. De hecho, puede proponerse una reconstrucción en base a una teoría de conjuntos -como lo hace Piaget- o una teoría de modelos, o incluso a una teoría de categorías, sin excluir, por cierto, a la más clásica de las lógicas.

Además, dado que lo que nos interesa son las formas culturales avanzadas como las del arte o la ciencia, podemos llegar a suponer que los caminos que siguió Piaget cuando estudia al niño y el adolescente son insuficientes para explicar las condiciones de posibilidad de las estructuras que construye el sujeto epistémico adulto. Son estructuras que se forjan en la interacción con otros adultos y otros objetos, en los que se encarna el conocimiento acumulado de la humanidad; la cultura, en fin.

Sabemos, desde Piaget, que el sujeto epistémico desarrolla en la niñez y la adolescencia unas estructuras cognitivas básicas con las que se desenvuelve en adelante. Con ellas puede incorporar a su psiquismo el mundo de la cultura, comprendiéndolo plenamente. Pero a partir de ese momento, el conocimiento especifico que caracteriza al mundo del arte -fruto de una comunidad diferenciada que se perpetua en el tiempo, cuando genera en los aprendices de hoy, a los expertos de mañana-, se constituye en una nueva condición de posibilidad, a partir de la cual se puede avanzar en nuevos desarrollos.

Va de suyo, entonces, que cobra mayor importancia la construcción social del conocimiento artístico -como tal, y como se plasma en las obras de arte- que la construcción genético-piagetiana de sus condiciones de posibilidad en la infancia, que la antecede en el desarrollo del sujeto y con las que accede a la densidad histórica del arte. Se trata de una historia y unas estructuras específicas que exceden al desarrollo del nino y del adolescente.

Con todo, Piaget es posiblemente el autor que explora más a fondo la construcción práctica del conocimiento en sus diversas facetas, y sus estudios iluminan la forma de analizarlo en el adulto, aunque se le superpongan otras estructuras diferentes a las que postuló.

Estas reflexiones, que hicimos tardíamente en el desarrollo teórico, comienzan cuando la existencia de la noción de estilo -y de la ciencia madura, con sus teorías avanzadas que evolucionan en el tiempo, como lo plantea T. Kuhn- ponen en entredicho la pertinencia absoluta de las estructuras piagetianas para el análisis del arte.

Muy brevemente, el problema que plantea la existencia del estilo -al igual que la de las teorías científicas- es cómo encuadrarlo en el seno de la concepción de Piaget, siendo, como es, un producto histórico y social.

Su consideración, que arroja luz sobre aspectos de los desarrollos teóricos expuestos en *La estructura psicosocial del arte* y sobre los que siguen a continuación, puede resumirse de la siguiente manera:

En la epistemología de Piaget, el sujeto epistémico pasa por distintas etapas, desde la sensorio-motriz a la conceptual, y entre ellas está las del periodo que corresponde al pensamiento simbólico. Cuando se encuentra en la adolescencia en posesión del pensamiento abstracto y de la lógica proposicional, posee las herramientas intelectuales fundamentales para construir la ciencia. Ha forjado básicamente en su largo camino las nociones de objeto, espacio, tiempo, concepto, causalidad, etcétera, así como las nociones lógicas. Se encuentra entonces en condiciones de construir las teorías científicas, y fundamentalmente, la mecánica newtoniana. Pudiera decirse que el intento de Piaget consiste en hacer que las categorías kantianas no sean a priori, sino el producto de un sujeto epistémico que las construye a medida que interactúa con el mundo, y que al llegar a la adolescencia, las posee de manera aproximada.

Pareciera que para hacer ciencia fueran necesarias nada más que estas categorías de pensamiento. Algunos textos de Piaget (Piaget, Jean; Inhelder, B. 1974) avalarían esta interpretación, como aquellos en los que propone a niños y adolescentes la solución de problemas que son propios de la mecánica clásica y de otras teorías científicas, y que estos resuelven correctamente, como si hubieran estudiado estas disciplinas.

Una de las experiencias que propone Piaget es la siguiente: se pone a un niño frente a un tobogán pequeño, al que se le puede cambiar la pendiente, y se le dan fichas de distintas formas y tamaños, preguntándosele a qué distancia irían a parar luego de deslizarse por él, si se varía su inclinación. La respuesta se pone a prueba haciendo efectivamente la experiencia, con lo que el pequeño investigador corrige sus presunciones, hasta que construye un sistema de relaciones que le permiten anticipar correctamente la distancia que recorrerá la ficha, sea cual fuere su tamaño, y la inclinación del tobogán. Cuando esto sucede, ha redescubierto que la velocidad de la caída de los cuerpos en un plano inclinado -medida por la distancia que recorre después de que termina de deslizarse- depende del ángulo de la pendiente y de la distancia que recorre en el plano inclinado, y no de la forma o masa del cuerpo que cae.

El lector recibe la impresión de que cualquier adolescente en cualquier época y lugar, puede llegar a las mismas conclusiones que Galileo, o que Newton, luego de vencer -obviamente- algunas dificultades.

Contra esta interpretación, sostenemos que es imposible. Ni cualquier niño, ni cualquier adolescente pueden ser Galileo o Newton. Para llegar a lo que ellos pensaron, no sólo hace falta su innegable cuota de talento y genialidad. Hace falta también el lento desarrollo de la historia de la ciencia, los conceptos elaborados desde la antigüedad (que el viejo topo erosiona), porque pertenecen a otra época, y porque los nuevos tiempos hacen evidentes fallas que anteriormente no se visualizaban como tales. Hacen falta un momento y un tiempo determinados, un clima intelectual y un ambiente de discusiones dados.

Sin la labor de generaciones de científicos, cada una de las cuales se apoya en las realizaciones de las anteriores, sin la interacción con los pares, es impensable ningún desarrollo científico. La ciencia -al igual que las demás actividades culturales, incluido el arte- es producida socialmente por una comunidad de pensadores y no por individuos aislados.

La imagen del adolescente que resuelve la caída de los cuerpos como Galileo corresponde a la de un científico que aislado y servido únicamente de su intelecto, no necesita de los demás, ni del conocimiento anterior. El equívoco es causado porque la situación experimental y las indicaciones de Piaget, ponen al niño y al adolescente ante un cuadro en el que están dadas todas las variables de la teoría en cuestión, a las que sólo debe acomodar en sus múltiples relaciones para resolver el enigma que plantean, y esto es, efectivamente, un problema lógico de manejo de variables. La experiencia puede ser planteada a los niños una vez que Galileo sienta las bases del problema y de la solución. Sin ellas, las variables presentadas a los niños no son siquiera pensables.

Quizás por este motivo, para Piaget el método hipotético deductivo consiste en la evaluación de todas las posibilidades implicadas por las premisas de un problema dado -lo cual es, efectivamente, un asunto de lógica-, sin referirse a la intuición creativa que lleva a plantear una hipótesis nueva que invente sus propias variables ante un problema y que es puesta a prueba, deduciendo sus consecuencias observacionales. La creación que implica la ciencia, y su contestación de manera hipotético-deductiva de las que habla Karl Popper, no pertenecería a su concepción.

¿Cómo es posible, entonces, la ciencia, cómo es posible el arte, si no alcanza la simple capacidad individual para que un sujeto cualquiera acceda a ellos?

Sostenemos que es necesario algo más que las estructuras epistémicas piagetianas. Son necesarias las sucesivas estructuras, producto de la historia de los campos culturales correspondientes, que son a su vez -cada una de ellas- condición de posibilidad de nuevos desarrollos. En esta perspectiva teórica entre el sujeto y el objeto clásicos, se interponen las estructuras piagetianas, pero también las estructuras elaboradas a lo largo de la historia, de tal modo que cada paso del desarrollo sea condición de posibilidad del próximo; unas condiciones siempre cambiantes a medida que los miembros de las respectivas comunidades, sean ciencia o arte, interactuan -a su través- con sus objetos específicos y con sus pares, y las enriquecen con sus aportes.

El planteo es el siguiente: de acuerdo a la lectura de Piaget a la que hicimos referencia, las únicas condiciones de posibilidad para todo conocimiento científico son las estructuras que construye un sujeto epistémico hasta la adolescencia.

Decimos que esto no es suficiente. Sobre estas estructuras se construye la ciencia, pero la etapa en la cual son las únicas en intervenir, sólo pudo existir míticamente en el comienzo de la historia de la ciencia, ya que una vez establecido el primer conocimiento empírico, es sobre él que se construye. Todo el conocimiento posterior presupone las estructuras piagetianas, es cierto, mas no solas, sino junto con las estructuras del conocimiento antecedente.

Además, si es cierto que se construyen gracias a la interacción entre los miembros de la comunidad científica -que discute, corrige, evalúa y sanciona como válidos los aportes de miembros aislados y grupales de la comunidad, otorgándoles la necesaria intersubjetividad- agregamos a las anteriores una nueva condición de posibilidad: esta comunidad sin la cual la ciencia es imposible, y que desaparece en la exposición de las experiencias con adolescentes que comentamos, oculta tras la figura de los experimentadores.

De una manera parecida se opaca la acción de los otros en las obras clásicas de Piaget, en las cuales, detrás de la interacción objeto-sujeto mediada por las estructuras, se encuentran los padres, los maestros, los condiscípulos, los compañeros de juego, en compañía de los cuales construye el sujeto sus estructuras, y sin los cuales no podría hacerlo.

Podríamos llamar a estas estructuras históricas y sociales *pos piagetianas*, para indicar que se sitúan en el paso siguiente de donde dejó Piaget su explicación de la ciencia. Unas estructuras disposicionales a actuar, percibir, sentir e imaginar, en una determinada estructura social. Por supuesto, utilizaremos este concepto para analizar el arte, en sus componentes históricos y sociales. (No podemos dejar de mencionar que en un escritor torrencial como Piaget son posibles otras interpretaciones que hagan coincidir su pensamiento con el que exponemos.).

La denominación nos sirve para remarcar, como lo hace casi explícitamente Thomas Kuhn, que su adquisición es eminentemente práctica, *a la* Piaget, en el curso de ejercicios que consisten en la resolución de problemas con solución garantizada. Si pensamos en los talleres de arte, en los que el maestro corrige los bocetos hasta que la solución del aprendiz coincide con la del estilo correspondiente -interiorizando las acciones que son su matriz formal-, veremos su correspondencia con lo que nos muestra Kuhn (1971 pp. 85-86):

"Como debe ser obvio ya, los científicos nunca aprenden conceptos, leyes y teorías en abstracto y por sí mismos. En cambio, esas herramientas intelectuales las encuentran desde un principio en una unidad histórica y pedagógicamente anterior que las presenta con sus aplicaciones a cierto rango concreto de fenómenos naturales; sin ellas, ni siquiera podría esperar ser aceptada. Después de su aceptación esas mismas aplicaciones u otras acompañarán a la teoría en los libros de texto donde aprenderán su profesión los futuros científicos. No se encuentran allí como mero adorno, ni siquiera como documentación. Por el contrario, el proceso de aprendizaje de una teoría depende del estudio de sus aplicaciones, incluyendo la práctica de resolución de problemas, tanto con un lápiz y un papel, como con instrumentos de laboratorio. Por ejemplo, si un estudiante de la dinámica de Newton descubre alguna vez el significado de términos tales como "fuerza", "masa", "espacio" y "tiempo", lo hace menos a partir de las definiciones incompletas, aunque a veces útiles de su libro de texto, que por medio de la observación y la aplicación de esos conceptos a la resolución de problemas."

Además, al igual que las estructuras piagetianas, una vez formadas, su posesión es inconsciente para los sujetos que desconocen su existencia, por más que no puedan sino exteriorizarlas en su accionar. Los artistas crean bajo un estilo, pero no saben que lo hacen.

Cuando llegamos a este punto, es evidente el cambio con respecto a las postulaciones de *La estructura psicosocial del arte*. Mientras que en ese texto las estrategias que planteamos son:

I. Considerar en cada aspecto relevante de la obra de arte -sea formal, de imágenes, de contenido simbólico, etcétera-, el desarrollo en el niño de las facetas del psiquismo que son su condición de posibilidad;

II. individualizar las estructuras con las que se construyen;

III. mostrar, a continuación, su presencia en el arte;

IV. sopesar las condiciones sociales que posibilitan su aparición; a partir de este momento tomamos en cuenta además el desarrollo histórico y social de esas otras estructuras que no son validas para todo tiempo y lugar, sino con ámbitos restringidos de validez -central, y originariamente, el estilo-, pero que abarcan asimismo a la percepción, el simbolismo, las imágenes, la emotividad, social e históricamente condicionadas que se forjan en la convivencia en el seno de comunidades determinadas.

También fuimos conscientes muy tempranamente de tener otra diferencia con el pensamiento de Piaget, aunque fuera quizás sólo de énfasis. Como nosotros buscamos explicar la obra de arte con sus distintos aspectos, nos interesa la permanencia en el adulto de las distintas etapas por las que discurre el sujeto epistémico.

En la epistemología piagetiana, estas son peldaños sucesivos que se usan para llegar a la culminación de una etapa y que se arrojan como una carga inútil cuando pasa a la siguiente; cuando accede al pensamiento proposicional, el sujeto piagetiano es eminentemente lógico y enunciativo.

Para nosotros, el artista, y también el científico, siguen actuando practicamente -en realidad, pensamos que es esencialmente práctico-, y que la imaginación, los sueños y la poesía de la etapa simbólica lo acompañan toda la vida. En el adulto, persisten todas las estructuras de las etapas anteriores que afloran según las circunstancias, permitiéndole jugar, soñar o fabricar objetos; la acción y el simbolismo no se encuentran separados del pensamiento conceptual, por lo contrario, lo acompañan, lo preceden enriqueciéndolo con la acción práctica y con la imaginación.

Los nuevos planteos nos comprometen a añadir ahora a las estructuras de Piaget el desarrollo de las acciones, los sueños, el conocimiento en un sujeto adulto, sus estructuras practicas, epistémicas, perceptivas y simbólicas, *pos piagetianas*, que deben más a las realizaciones de la cultura -su herencia humana-, que a su propio desarrollo como niño.

Las estructuras formales y cognoscitivas que estudiáramos en *La estructura psicosocial del arte* se continúan en las investigaciones acerca de las formas estilísticas. Desde la perspectiva que inaugura Piaget con sus estudios acerca del conocimiento sensorio-motriz, analizamos la secuencia histórica de las técnicas pictóricas, escultóricas, etcétera, como condiciones de posibilidad práctica de aspectos esenciales de la obra de arte, tales como su expresividad, o su permanencia en el tiempo, su durabilidad de objeto bien hecho. En cuanto a la dimensión simbolica, habíamos visto anteriormente la construcción social de mitos. Insistimos en el tema, profundizando en las características del pensamiento simbólico, y en sus distintas facetas interpretativas.

4.2. El plano simbólico del arte.

Reiteramos la importancia que tiene para el arte esa función del psiquismo que llamamos imaginación, y que nos hace ir más allá de la obra y sus imágenes, hacia un mundo de significados que no se encuentra allí, y sin embargo es inseparable de ella.

En esto consiste el contenido latente del arte, en su poder evocador de vivencias, imágenes, sentimientos e historias, cuando entra en juego el pensamiento simbólico y sus reglas específicas.

Decíamos que su condición de posibilidad se encuentra en la etapa del desarrollo que va desde los dos a aproximadamente los seis unos de edad, y que termina cuando el pequeño sujeto posee ya un pensamiento conceptual.

Hasta los dos años, los niños poseen una inteligencia sensorio-motriz, exclusivamente práctica, con objetos, especio y tiempo definidos en función de les acciones, sin que intervengan todavía conceptos o imágenes, y cuya lógica se encuentre implícita en la secuencia de acciones. El sujeto epistémico sólo puede anticipar los resultados de sus acciones manipulatorias si se encuentra en presencia de los objetos a los cuales van dirigidas.

A los dos años los niños comienzan a desarrollar una nueva función, esencial en el camino ascendente del sujeto epistémico, y que puede definirse como función semiótica. Gracias a ella, el niño pasa a manipular en la subjetividad palabras e imágenes de objetos que están ausentes, evaluando con ellas todas las alternativas posibles, para decidir el curso de acción más adecuado.

Piaget, coherente con su propia epistemología, piensa que la etapa simbólica se inicia alrededor de esa edad con los juegos en los que los niños imitan objetos, animales, personas, y juegan con unos objetos como si fueran otros: un palo como si fuera un caballo, un cubo que se desliza como si fuera un cochecito, ellos mismos pitando para hacer de locomotora. Una nueva acción -la imitación- al interiorizar estos reemplazos de unos objetos por otros, lleva a la función semiótica, cuando los símbolos -imágenes y palabras- toman el lugar de las cosas, y su manipulación en el psiquismo reemplaza su manipulación práctica.

Cuando Laurent, a los dos años, abre y cierra la boca antes de abrir la cajita de fósforos para sacar una cadenita que estaba adentro, Piaget (1977 b) concluye que se encuentra ante el indicador de que la manipula en su subjetividad, imaginando, planificando con imágenes, "viendo" que lo abre, antes de que ocurra. Sitúa en este punto el comienzo de la actividad simbólica. El niño juega imitando a su papa, o a un caballito; con una cajita imita a un automóvil, y lo hace correr por el piso, etcétera. En estas imitaciones, interioriza las imágenes de los objetos y los caminos por los cuales se enlazan a otras, de las que devienen símbolos.

Existe un proceso evolutivo que va desde el punto en el cual la función semiótica se encuentra estructurada fundamentalmente con imágenes, a cuando se cumple mediante palabras. Piaget muestra como en un comienzo éstas se encuentran unidas en el psiquismo a las imágenes de los objetos a los que se refieren. En este momento, el lenguaje posee la coherencia que le brindan las reglas del pensamiento simbólico, caracterizado, fundamentalmente, porque el nexo entre las palabras está dado por los parecidos perceptuales entre los objetos a los que se refieren. Por este motivo, el niño cuando habla semeja un pequeño poeta, ya que su discurso se encuentra unificado porque las palabras se suceden unas a otras, debido a que las imágenes que evocan poseen parecidos entre ellas.

A los tres años y medio, un hijo de Piaget al ver que las pequeñas olas que llegan sobre una playa del lago hacen avanzar y retroceder alternativamente pequenos cordones de arena, exclama: "Parecen los cabellos de una muchachita a la que esta peinando". A los cuatro años y siete meses: "Me gustaría viajar en los rayos del sol y acostarme en sabanas que serían las nubes". El testimonio que recoge Piaget (1977 b p. 312) es un buen ejemplo de pensamiento simbólico en los niños, y de cómo la posesión de este tipo particular de discurso hace de ellos pequeños poetas.

Progresivamente, en el curso del desarrollo, el niño pasa de evocar una imagen precisa con cada palabra que emite, y que corresponde al primer objeto que aprendió a designar con ella (objeto paradigmático lo llama Wittgenstein), a evocar una imagen simplificada y más esquemática del objeto -pasa de ver a su perro Fido, a ver un perro genérico-, hasta que a los seis años, el pensamiento da un salto de simbólico a conceptual. A los seis años, las palabras no evocan mayormente ninguna imagen, y como sucede con el adulto, puede hablar -y comprender lo que le hablan- sin tener imágenes presentes en el psiquismo.

La diferencia entre el pensamiento simbólico y el conceptual corresponde a la que existe -según De Saussure- entre los *signos* -las palabras- que son arbitrarios con respecto a la referencia, ya que no hay ningún motivo para que algo se denomine de una determinada manera, y los *símbolos* que en algún sentido se parecen a lo nombrado. Signos y símbolos fundamentan dos tipos de pensamiento, que en un principio no son independientes.

Pues bien. Sostenemos que el contenido simbólico latente del arte es la persistencia en el adulto de este pensamiento simbólico, en el que las imágenes -y las palabras que las representan- están unidas entre sí, no por reglas lógicas, sino por otro tipo de reglas. Piaget concuerda en que son similares a las que rigen a los sueños y otros procesos inconscientes, y consisten fundamentalmente en parecidos parciales entre una imagen y la evocada -o entre una imagen y la subsiguiente-. Si seguimos a Freud (1948, Vol. 1, p. 247) esas reglas se resumen diciendo que "una sola de las relaciones lógicas, la de analogía, comunidad o coincidencia, es aceptada francamente por el mecanismo de elaboración del sueño".

Los lingüistas, al estudiar el poder evocador de imágenes que posee la literatura y fundamentalmente la poesía, sintetizaron estos mecanismos como los de metáfora y metonimia. El primero hace referencia a los parecidos entre la imagen de lo representado por la palabra, y las imágenes evocadas, y el segundo a que entre una y otra existe una situación común espacio-temporal, o de discurso. Humberto Ecco (1978, p 441-442) expresa, refiriéndose a la metáfora y la metonimia:

> "Por otra parte, según Jacobson, constituyen el armazón de cualquier otra operación retorica, en cuanto que representan los dos tipos posibles de substitucion lingüística, uno realizado sobre el eje del PARADIGMA, el otro sobre el eje del SINTAGMA; una constituye una substitución "por semejanza", la otra substitución "por contigüidad".

Decíamos que con conceptos y reglas lógicas, los sujetos desarrollan discursos conceptuales con imágenes y discursos simbólicos. Los discursos simbólicos consisten en una sucesión de imágenes ligadas entre si por las reglas antes enunciadas, y que llevan muy lejos de la primera imagen, ya que entre ella y la tercera puede no haber ningún rasgo, ni ninguna situación en común.

Ahora bien, estos discursos simbólicos, ¿poseen algún tipo de orden? Si no fuera así, la imaginación llevaría libremente al pensamiento a cualquier dirección, sin puntos orientadores, en un proceso infinito, pues como lo saben los lingüistas, cualquier palabra remite por estos mecanismos a la totalidad del lenguaje. Si lo poseen, la sucesión de imágenes se encontraría anclada por determinados dispositivos.

Conocemos la posicion de Freud: el juego imaginativo se encuentra dirigido, puesto que la represión de la sexualidad hace que las imágenes presentes en los sueños o en distintas instancias psíquicas, conduzcan finalmente a unas imágenes primarias de índole sexual.

Sea justificado o no, Arnold Hauser piensa que al restringirse la imaginación a senderos que terminan invariablemente en imágenes sexuales, no se explica la riqueza simbólica del arte, y por consiguiente, desecha que la psicología freudiana sea una herramienta útil para la teoría del arte.

Otros autores, como Gastón Bachelard, piensan que las imágenes primarias -las madres de todas las imágenes- corresponden al agua, el aire, el fuego y la tierra -los cuatro elementos primarios de los griegos-.

Finalmente, pudiera ser que las imágenes de la obra de arte no sólo remitan a otras imágenes -primarias o no-, sino a un relato mítico, constituyente básico de la estructura simbólica, y que se encuentra conformado por imágenes de gran fuerza.

¿Es necesario que estas propuestas sean divergentes o pueden coexistir?

Tendemos a dar una respuesta positiva a la posibilidad de que existan múltiples caminos para las interpretaciones; desde el vagar libremente de la imaginación ante la totalidad o un sólo aspecto de una obra de arte, hasta su anclaje en relatos míticos. Esta polisemia multifacética del arte puede expresarse diciendo que su simbología es inagotable porque lo es la imaginación humana y la construcción social de relatos míticos.

Si este último fuera el caso, la potencia de esta función del arte estaría dada porque alguna de sus imágenes enlaza con la de un relato mítico, que pone en escena las demás que lo integran.

Por supuesto, no pensamos en un único relato mítico, sea el de Edipo o el de las grandes concepciones del mundo -Weltanschauungen-, de las que descreemos.

Como habíamos mencionado, pensamos más en una multiplicidad de mitos socialmente formados, algunos de ellos pequeños y cotidianos, como de los que nos habla Roland Barthes (1980), e incluso otros más íntimos, personales, de cada espectador, forjados en el curso de su vida, o, como veremos, en la frecuentación del arte. Los mitos que señalan a los enemigos de una nacionalidad o de una formación social, cambiados frecuentemente a medida que cambia la historia. Los mitos que alimentan a las telenovelas, y al imaginario popular, tales como "muchacha pobre se enamora de muchacho rico y que después de vencer la oposición de la familia, finalmente se casa", "muchacho pobre triunfa en el deporte", etcétera, y de los que los estructuralistas rusos nos habían enseñado en sus análisis de los cuentos populares la complejidad de su estructura -mítica- subyacente, si circulaban un tiempo suficiente en la sociedad. Pequeños mitos del coraje de los toreros, o de la fuerza de los vascos, o de la belleza de la flacura adolescente. Mitos como "superacion por el estudio", "el atractivo de conducir un automóvil". Mitos abandonados rápidamente por la sociedad, como "los buenos, honestos, trabajadores, triunfan en la vida, son los mejores", a cambio de "el dinero y sus manifestaciones lo son todo".

Es posible que permanentemente se disparen estos u otros pequeños mitos cuando discurrimos por la vida, dotando de un significado adicional a las imágenes que percibimos diariamente, y con ellas a nuestro periplo por el mundo. ¿Sólo comemos comida griega en un restaurante griego, o al mismo tiempo participamos -míticamente- de su cultura ancestral? ¿En qué pensamos -inconscientemente- cuando entramos con gusto en un local decorado con un cierto estilo? Los publicistas saben largamente cómo explotar en su provecho -de su cliente- las fantasías que germinan constantemente en nuestro psiquismo.

Uno de los problemas que presenta la interpretación del arte -visto que en la sociedad circulan innúmeros mitos y discursos conceptuales encontrados- es que más de uno de ellos pudiera adecuarse a la imagen manifiesta de la obra de arte. O dicho de otra manera, que pueda asociarse a alguna imagen de más de un relato mítico. Cada vez que esto ocurre, las demás imágenes que lo conforman se acomodan como fichas de un rompecabezas al relato correspondiente. Esto es así, porque, como lo señalaba Freud (1948, p. 243) con respecto a los sueños, el sentido que emana de ellos sobredetermina a los demás elementos, dotándolos de un significado que tiende a coincidir con el suyo:

"Cada uno de los elementos del contenido del sueño está superdeterminado por el material de las ideas del sueño; tiene su antecedente, no en un sólo elemento de las ideas del sueño, sino en toda una serie de ellos que no necesitan estar muy próximos unos a otros dentro del contenido latente, pues pueden pertenecer a los más diferentes sectores del tejido ideológico"

Aparentemente, esta es la situación más común. Sabemos, por nuestras encuestas de público de arte, que cuando los espectadores exteriorizan sus interpretaciones, es excepcional que coincidan. El arte no intenta imponer ningún contenido simbólico; sin embargo, lo despierta en sus espectadores, y está -sin que lo sepa- en su creador; y no puede menos que ser así porque así es la naturaleza humana, porque es de lo humano dar sentido simbólico al mundo.

Por supuesto, no nos referimos en esto a los significados que provienen de la misma tradición artística -como las alusiones a la Divina Familia cada vez que vemos imágenes mundanas en las que reconocemos a una madre, un padre y un hijo-, o de otras fuentes culturales conocidas a las que el artista intenta aludir con sus imágenes, y cuyo desciframiento es el objeto de la iconología. Puesto que también es cierto que a partir de estos significados propuestos por el artista se disparan otros, portados por las imágenes presentes que llevan a otras en la subjetividad del interpretante, en un proceso marcado por las asociaciones propias del lenguaje simbólico.

La paradoja del contenido simbólico es que es subjetivo, y sin embargo, aun el más intimo se forja con materiales que circulan y se producen en la sociedad -como sucede con las demás estructuras pos piagetianas-.

Por este motivo, el critico de arte -un espectador más- no tiene otra forma de conocerlo que la de usar su subjetividad como instrumento para detectar el contenido simbólico de la obra, haciendo asociaciones libres a partir del material artístico, y exteriorizar lo que le sugiere, sin embargo, no se detiene allí, y rastrea su coincidencia con mitos y relatos que circulan en la sociedad, ya que su interés es llegar a un significado culturalmente intersubjetivo.

El problema no es nuevo. Tiene remotos antecedentes en la Cábala hebrea (Scholem 1979), y en las interpretaciones de los Padres de la Iglesia cuando intentan comprende el mensaje que envían los escritos sagrados. "Bosque infinito de los sentidos", "océano misterioso", los llaman, señalando sus infinitas lecturas. Tambien tratan de acotarlas, forjando las cuatro interpretaciones canónicas, según las cuales las lecturas pueden ser literales, alegóricas, morales o anagógicas.

¿Cómo saber, entonces, cuando los fieles se encuentran ante una "buena interpretación"? El camino que elige la iglesia es el de señalar que una interpretación es buena cuando se encuentra apoyada en la Tradición de buenas interpretaciones; la respuesta circular sólo expresa que su excelencia coincide con la de aquellas que triunfaron en la lucha de interpretaciones, una lucha que -lo sabemos- no fue académica, e incluyó el exterminio -en un sentido no metafórico- de las que perdieron la batalla, y que pasaron a revistar, entonces, entre las "herejías" (Ecco 1984). Tampoco son inocentes las interpretaciones del arte. El poder, como lo sabe desde siempre la Iglesia, trata de imponer la suya -su ideología-. Tropieza con los obstáculos que le opone en primer lugar el propio arte, relativamente independizado en nuestros días de las clases dominantes, y que en muchas ocasiones es objetor del poder establecido. El arte, por su parte, intenta crear mitos consistentes de una mayor densidad, y al hacerlo, desnuda la condición humana, haciéndola comprender, y quizás ayudando a construirla en el proceso. También se oponen a la vision única que pretende el poder, la multiplicidad de mitos que generan las distintas capas y grupos sociales, que hoy le disputan el espacio simbólico, espejo de un espacio social múltiple, complejo, diferenciado como nunca en la historia.

4.3. Las estructuras emotivas.

Concebimos al tono afectivo como aquel que es inseparable de las acciones, y que en una manera aproximativa llamamos la energía que compromete -sin la cual no podrían consumarse-, y que se libera cuando se realizan. En su interiorización, las acciones preservan esa carga energética, que se exterioriza junto con ellas, con una intensidad proporcional a la que poseen originalmente.

Como una consecuencia natural, la exteriorización de las estructuras psíquicas en la obra de arte conserva ese tono afectivo que queda impreso en ella, siendo captado en su diversa intensidad por un espectador cualquiera: leve en las estructuras lógico-matemáticas, mayor en las imágenes, y fundamentalmente, en lo que ellas evocan, su capacidad simbólica.

Se interiorizan asimismo acciones con personas en situaciones dadas. Es en ellas donde el tono afectivo se hace predominante. Aunque individuales, al coincidir con actuaciones similares a las de otros agentes sociales -como las que ocurren en el seno de la familia, o en las de la historia-, devienen inter-subjetivas. Al ser interiorizadas junto con las imágenes y los escenarios en los que suceden, devienen relatos míticos, elaborados -al menos parcialmente- por el pensamiento simbólico, y modificados por la comunicación interpersonal y por el arte.

Como sucede con todas las estructuras, se exteriorizan en la obra de arte, dotándola del contenido emotivo más fuerte.

Esta capacidad de coincidir gestálticamente con las estructuras afectivas del espectador, las hace aflorar en el. Desde siempre, se ha conocido como *función catártica* esta aptitud del arte de provocar emociones de todo tipo, liberándolas.

4.4. La percepción en arte.

En *La estructura psicosocial del arte* está implícita una teoría perceptiva que recién ahora nos encontramos en condiciones de enunciar, y de justificar adecuadamente, en toda su complejidad.

Cuando nos referíamos a las operaciones perceptivas, seguimos junto con Piaget la progresión de las operaciones cognoscitivas que dan como resultado la construcción -centralmente- del esquema del objeto, y su consecuente permanencia en el psiquismo como imagen. Decíamos que el esquema del objeto es el objeto tal como se vería desde cualquier punto de vista y no una simple imagen del mismo. Esta circunstancia es la que permite identificar lo que se mira, reconociéndolo en su identidad pese a las variaciones perceptuales cualquiera sea el ángulo, o la distancia en que se sitúa el observador. Es razonable, entonces, expresar que la percepción es una construcción en la que interviene decisivamente la inteligencia -el conocimiento- y no la vision pura.

El sujeto epistémico en general no es consciente de esta situación. Una evidencia en este sentido, es que si se inquiere si una cámara fotográfica registra exactamente lo que se ve -suponiendo un lente de 50 mm para una película de 35 mm- la respuesta es que esto es así.

La sencilla experiencia de hacer fijar la mirada en un punto fijo, y sin apartar la vista, preguntar qué es lo que se localiza un metro a la derecha y otro a la izquierda del mismo, hace evidente que la vision posee un ángulo muy limitado, y que permanece indefinido -borroso- todo lo que se encuentra más allá de esos limites. Tendemos a creer que vemos en un ángulo más amplio, pues la inteligencia integra los múltiples fragmentos que se obtiene desplazando la mirada, en una sola imagen, que "vemos" como una continuidad.

Distintos argumentos nos permiten insistir en que la imagen es el producto de acciones interiorizadas, una estructura, en fin, a la que llamamos estructura perceptiva, de la que el dibujo es, por lo tanto, su exteriorización. Una consecuencia insospechada de estas afirmaciones, es la certeza de que si esto es así, el dibujo realizado mirando un modelo no es una copia de lo que observe el artista, sino una proyección -isomorfa- del esquema de ese objeto particular presente en su psiquismo (Esto constituye una vuelta de tuerca en el kantismo constructivo que se adoptó como epistemología implícita, y el particular giro copernicano que compromete). En realidad, al alternar la mirada y el trazo mientras se dibuja, lo único que se hace -mediante sucesivas aproximaciones- es dotar al esquema de una riqueza cada vez mayor. Pensamos, asimismo, que esta perspectiva es corroborada por las técnicas de aprendizaje del dibujo sin mirar el papel.

¿Qué sucede en esta perspectiva teórica, si introducimos la noción de una estructura perceptiva como la del estilo?

Resulta evidente que si bien admitimos que la percepción se encuentra estructurada, percibiéndose a través del filtro de las distintas estructuras cognoscitivas que elabora el sujeto epistémico desde el nacimiento a la adolescencia, éstas son constantes, las mismas en cualquier sujeto que se encontrara en la misma etapa de desarrollo, independientemente de la cultura a la que pertenece.

Este es un resultado natural de las concepciones de Piaget, para quien las condiciones de posibilidad del conocimiento son idénticas en cualquier sociedad, y en cualquier época, difiriendo únicamente en el momento de su aparición, si los estímulos sociales que contribuyen a su maduración son distintos, como fue corroborado en estudios realizados en zonas urbanas y zonas rurales del mismo país, o entre culturas diferentes. Tendíamos a pensar en consonancia con esto que la mirada era única.

Posteriormente, la existencia de las estructuras estilísticas nos fuerza a concebir que existen además unas condiciones de posibilidad que dependen del desarrollo sociocultural al que se llega en cierta época y en cierto lugar, y que por lo tanto no son siempre iguales. Unas estructuras que se construyen sobre las estructuras piagetianas, con sus materiales, pero que son distintas a ellas.

Si esto es así, y si el estilo es una de estas estructuras -como pensamos-, entonces coexisten en el psiquismo más de una percepción posible, lo que implica que un artista -o un espectador de una época dada- percibe como lo hace todo el mundo, si su intencionalidad es la común, o lo hace con las reglas del estilo. Dejemos sin discutir si es posible una estructura perceptiva común para toda la humanidad, o si la mirada se encuentra permanentemente mediada por la cultura. Un hecho que probablemente se nos oculte pues -como se es ciego a los propios condicionamientos culturales- tendemos a ver como natural y única a la clase de percepción de la cultura en la que estamos inmersos, un fenómeno del que tenemos algunos atisbos cuando la comparamos -en la medida en que esto es posible- con las de otras culturas.

Cuando a principios de siglo y fines del anterior, los artistas comienzan a apreciar el arte negro y el arte japonés -y consecuentemente a tomar elementos de ellos-, se hace evidente que existen otras estructuras perceptivas, además de las generadas por el arte europeo; en realidad, son parcialmente responsables de la multiplicación de formas perceptivas que caracterizan el arte moderno, en el que el estilo único y hegemónico que estudia Wölfflin dio lugar a une explosión de escuelas y corrientes divergentes que coexisten en el tiempo.

Sin embargo, la existencia de estas estructuras perceptivas del arte negro o japonés, pertenecientes el campo artístico de sus lugares de origen, no indican que el hombre común de sus sociedades "ve" así, en todas las ocasiones, incluso en la vida cotidiana. (Si así fuera, entraría en contradicción con la presunta existencia de formas perceptivas comunes entre las diferentes culturas.) Lo único que garantiza, como sucede con los estilos europeos, es que al hombre común -formado en su frecuentación- no le resultan extrañas, y disfruta con las obras en las que aparecen, como sucede siempre que se contempla la objetivación de estructuras que se tienen interiorizadas. (Sabemos que el placer en el arte consiste en reencontrarse con porciones de la propia subjetividad, y en enriquecerla a partir de esta identificación proyectiva.)

En un principio, llegamos a pensar en la existencia de al menos dos estructuras perceptivas diferenciadas, que el espectador y el artista ponen en escena cuando realizan o contemplan una obra de arte:

I. una de ellas -producto de las operaciones cognoscitivas- es la que permite apreciar -y exteriorizar- formas, imágenes, relaciones entre elementos;

II. la otra estructura es la simbólica, con la que se pone en juego la imaginación y las mitologías presentes en la subjetividad, algunas de índole personal, otras socialmente formadas.

Estas estructuras perceptivas corresponden a las distintas estructuras que forma el sujeto epistémico a lo largo de su desarrollo y que se supone continúan vigentes en el adulto.

Ya en *La estructura psicosocial del arte* se resalta la importancia de la percepción en el psiquismo humano, al punto que pudiera decirse que todo lo que existe en el psiquismo existe asimismo en la percepción; o, para decirlo en nuestro lenguaje estructural, que todas las estructuras psíquicas estructuran la percepción.

Cuando se incorporan a la reflexión esas estructuras que se producen en cada ámbito cultural, se multiplican las estructuras perceptivas, como un espejo de la complejidad de la cultura en la que se encuentran inmersos sus participantes.

En su análisis nos referiremos, primeramente, a las que corresponden al campo artístico. Suponemos que es legítimo pensar que a un conocedor del arte moderno, a las estructuras del barroco y del clásico -estudiadas por Wölfflin-, se le añaden las del impresionismo, del expresionismo, del dadaísmo, del surrealismo, del cubismo, del expresionismo abstracto, del pop art, etcétera, que utiliza alternativamente, según sea la obra con la que se enfrenta. Aunque el juego irónico de la mirada permita ver una obra surrealista con ojos cubistas, o mejor aun, al mundo cotidiano con ojos surrealistas o cubistas, recreando con el arte a la vida cotidiana.

El que las imágenes en las obras de arte -y la mirada- se encuentren siempre estilizadas -estructuradas por los estilos- tiene un fuerte e inesperado apoyo en las ilustraciones de los textos de anatomía, que tienen como objetivo mostrar con la mayor de las aproximaciones las imágenes a lo que se observa "realmente".

Si comparamos ilustraciones de distintas épocas, vemos la manera en que unos órganos que poco cambian de generación a generación, como los huesos, asumen formas diferentes en cada una de ellas. El estilo representativo cambia con los tiempos, y con él los huesos dibujados, como si pertenecieran a especies distintas, sin que los anatomistas lleguen siquiera a pensar en que con su estilización falsean la observación; un resultado al que pudiera llegar un observador de otra etapa histórica. A nuestros ojos, algunas ilustraciones parecen infantiles y falsas; pero no lo eran en su tiempo. ¿Ven así, o necesitan, como los artistas plásticos, de algún estilo representativo y ornamental para dibujarlos? ¿Su vision, o su dibujo son los estilizados? ¿O ambos? A la luz de nuestro modo de ver actual, quizás podríamos separar la representación de los elementos anatómicos de la estilización del dibujo, pero tal vez nos equivoquemos al hacerlo, si consideramos que los que nos precedieron no creyeron tergiversar lo mirado, y que nosotros no podemos despegarnos de nuestras propias teorías perceptivas, en las que creemos encontrar concordancia entre mirada y representación.

Pareciera que existe una mirada cotidiana y que el juego entre esta y la mirada especializada fuera equívoco. Como si cuando se mira arte -o anatomía, o cualquier otro objeto de producción especializada- se tiene una mirada que se pierde apenas se desvía la vista de ellos, reapareciendo la percepción común. Si este fuera el caso, el sujeto tendría sólo conciencia de esta última y el lapso de percepción especializada, como un hiato entre dos momentos de mirada cotidiana que se le oculta en la conciencia.

El hiato de percepción que se produce entre una mirada a un objeto, y la subsiguiente -sea prolongado, o apenas lo que dura un pestañeo-, no nos hace dudar de la existencia del mismo mientras no lo vemos, como lo hace notar Berkeley. Simplemente lo ignoramos, a los efectos de pensar en la permanencia del objeto. Piaget lo explica por la reversibilidad de la situación en la que se deja de percibirlo. De la misma manera, pudiera ser que obviemos el lapso de mirada especializada y tendamos a tener siempre presentes las estructuras perceptivas cotidianas.

Para todos aquellos a quienes todavía provoca escozor el que existan percepciones diferenciadas, y piensan en una sola, única y gran estructura perceptiva, quisiéramos recordar las dificultades que tienen los aprendices de aquellas profesiones que identifican sus objetos de estudio por "golpe de vista" -Gestalten-, como lo son los radiólogos, o patólogos.

Muy lentamente adquieren una destreza visual, que va siempre atrás del conocimiento conceptual: conocen, pero no ven. En un principio tienden a ver cada desviación admisible como una entidad distinta -confunden, por ejemplo, lo sano con lo enfermo, o no distinguen en esa anatomía peculiar que ofrecen los aparatos de diagnostico, la anatomía aprendida- hasta que finalmente, todas ellas forman parte de una Gestalt compleja, con un sistema de transformaciones inconsciente que las hace equivalentes. En ese momento, conocimiento y percepción coinciden.

Hasta hace poco era dificultoso ejemplificar las transformaciones que sufre la percepción según sea la teoría perceptiva con la que se mira. En la actualidad, los instrumentos informáticos que se utilizan para manipular la imagen fotográfica proveen los mejores ejemplos de los que disponemos para mostrar los efectos de las distintas teorías perceptivas sobre lo mirado. Los efectos pictóricos de los programas de retoque fotográfico de tipo "impresionista" o pincelada o puntillado que se obtiene superponiendo a la imagen el filtro correspondiente, nos sugieren fuertemente que la teoría perceptiva barroca -sutilmente, inconscientemente- se superpone a lo mirado, filtrando la imagen según sus reglas para obtener una imagen barroca, o clásica, si este fuera el caso, o según cualquiera de las estructuras perceptivas correspondientes a las distintas corrientes artísticas contemporaneas.

Si resumimos las distintas etapas que sigue la teorización acerca de las estructuras perceptivas, encontramos las siguientes:

I. la primera de ellas corresponde a la etapa de la teoría de la Gestalt.

Se trata de una escuela psicológica que nos enseña que se percibe en bloque, en conjunto, y que esta percepción se encuentra estructurada desde un comienzo. Se opone así al anterior elementarismo psicológico que piensa que se perciben elementos aislados que luego se relacionan entre si -inaugurando el concepto de Gestalt para designar esta percepción estructurada-; es probable que el principal inconveniente que presenta -para nuestros propósitos- sea el que las estructuras perceptivas que estudia son a priori, y las poseen todos los seres humanos, sin importar sus condiciones históricas o sociales. Como lo hace notar Piaget, no poseen ningún desarrollo;

II. la siguiente etapa corresponde a la psicología de Piaget, quien descree de las estructuras sin historia, y propone que las estructuras perceptivas son producto de la interacción con el medio de un sujeto epistémico cualquiera; avanza, sin duda, en el sentido de darles un desarrollo, una historia, que es la misma para todos los seres humanos, aunque existan desfasajes entre unos y otros, que explica parcialmente por diferencias biológicas individuales, parcialmente por diferencias en la estimulación de los sujetos por parte de sus familias y de la sociedad;

III. la última etapa corresponde a lo que llamamos estructuras pos piagetianas, cuyas condiciones de posibilidad son las estructuras perceptivas que propone Piaget, pero además las estructuras perceptivas forjadas -socialmente- a lo largo de la historia, y que son condición de posibilidad de los desarrollos posteriores.

Va de suyo que creemos en la corrección -parcial- de la escuela de la Gestalt, y de las estructuras que propone en el estudio del arte, aunque carezcan de la suprema importancia que les asignan sus investigadores.

Asimismo aceptamos las investigaciones de Piaget, que completan los avances de la Gestalt. En algún momento pensamos que estas son las estructuras perceptivas propias del ser humano -y por consiguiente del arte-, a las que las condiciones históricas y sociales lo más que hacen es retardar, o incluso impedir su aparición en caso de ser desfavorables, o adelantarlas, si son favorables.

La incorporación de la noción de estilo, nos hizo ver que existen estructuras perceptivas de índole cultural -estructuradas y formadas en la práctica, como lo expresa Piaget- cuya existencia puede postularse en todos los campos culturales, incluidos los de la ciencia y el arte, estructurando una percepción cognitiva y simbólica fragmentada, múltiple, en ocasiones contradictoria.

Cuando Thomas Kuhn propone a estas estructuras como aquello que poseen los científicos, y lo ejemplifica con una de las experiencias más notables de la escuela de la Gestalt, por la que los sujetos de experimentación ven alternativamente en un dibujo un pato o un alce, y en otro una joven o una vieja, una u otra figura, sin transiciones, su intuición puede ser correcta, pero el ejemplo es erróneo, ya que no son estas estructuras sin historia las que corresponden a la percepción de los científicos.

4.5. Los estilos y el gusto.

La existencia de múltiples teorías perceptivas -principalmente los estilos- nos llevó a pensar que son la clave para entender el gusto, esa categoría por la cual se valoran las obras.

Propusimos entonces que la primera condición para gustar de una obra consiste en que artista, obra y espectador posean las mismas estructuras estilísticas. La fórmula es sencilla: si esto es así, la obra se encuentra comprendida entre aquellas que pueden gustar; si no lo es, no.

Históricamente esta presunción encuentra apoyo en las variaciones del gusto registradas por la historia del arte. Sabemos que el arte barroco -hegemónico en su momento- fue dejado de lado y menospreciado. El arte gótico fue sinónimo de bárbaro. En nuestros días, cuando el gusto por estos estilos del pasado se encuentra reinstalado en el sentir general, apenas podemos comprender cómo fue posible que no se los valorara. Casi no nos detenemos a pensar que fue necesario el impresionismo, con su pincelada pictórica para que la mirada se eduque en la estructura formal del barroco, o que el expresionismo nos enseñe a ver con nuevos ojos el arte gótico.

Por supuesto, no es que creamos que basta la identificación con sus estructuras estilísticas para que una obra guste, aunque sea condición de posibilidad -casi excluyente- para que ocurra. Seguramente intervienen, asimismo, la manera particular con la que está realizada, la imagen que contiene, la resolución plástica de los problemas que plantea, la manera en que despierta la imaginación.

En estos momentos podemos completar la respuesta que diéramos acerca de por qué nos conmueven las obras griegas. En primera lugar, porque las formas estilísticas en las que están realizadas se han incorporado a la historia del arte europeo, a través de los críticos y artistas del Renacimiento, y desde entonces son parte viva de nuestras tradiciones perceptuales más caras. No hay ningún distanciamiento entre nuestras formas educadas de percibir, y las que vemos -leídas a través de los ojos de la crítica moderna- en el arte griego. (No seré tan ingenuo como para pensar que las vemos como las vieran los griegos.) Conocemos sus estilos, sus motivos, y sus contenidos simbólicos más aparentes; conocemos todas las mitologías que representan, las historias que encarnan, las tragedias que recoge su literatura, su teatro y su historia. Poseen además, el encanto de lo antiguo consagrado y despiertan la emoción de estar ante la presencia de lo que se anticipo largamente en los textos de estudios.

En algún momento, pensamos que esta hipótesis teórica podría tener corroboración empírica mediante un diseño experimental, que comience formando grupos de experimentación con quienes gustan de la obra de Clemente Orozco y con los partidarios de la de Rivera. Por supuesto, habría asimismo grupos de control. Viviendo, como vivíamos, en el país del muralismo, no había demasiado problema en formar ambos grupos.

La manera que proponíamos para que cambien sus preferencias es la de que realicen ejercicios de dibujo y pintura del estilo que rechazan, a fin de que interioricen de manera práctica sus elementos formales -como sucede en los talleres de arte-. Para que no fuera obvio, no se les haría reproducir obras de estos pintores, sino la de artistas que practican estilos próximos, como pueden ser -y esto además es una hipótesis adicional para el experimento- el de los pintores expresionistas para el arte de Clemente Orozco, o el de pintores renacentistas para el de Diego Rivera.

De esta manera, quienes rechazan a Rivera no pueden suponer razonablemente que se les intenta condicionar el gusto si se les propone reproducir obras de Botticelli o de Rafael, ni quienes abominan de Orozco, si se les hace pintar obras de Eduard Munch o de Emil Nolde.

Al cabo de un tiempo -una variable importante que intentábamos cuantificar-, pues el modelado del gusto toma muchos años de frecuentación de museos y de educación- se ponen de nuevo a prueba ante obras de los artistas rechazados, y se evalúa si en esa ocasión las admiten, luego de haber interiorizado de manera práctica el estilo del pintor menospreciado.

La experiencia tenía -a nuestros ojos- un valor no sólo teórico. En realidad, pretendía ayudar a educar en el gusto por el arte a los grandes públicos. Habíamos sido testigos de las grandes exposiciones visitadas por multitudes y acompañado a grupos de alumnos en sus recorridos. Es notorio que el interés y el gusto por las mismas aumentan si los comentarios de quienes los guían los estimulan. Pero es también evidente que a muchos de ellos no les llegan a gustar las obras; un hecho preocupante, si sabemos que según las encuestas, la mitad es la primera vez que concurre a un museo, y quizás sea la última.

¿Hay alguna manera de suplir los años de educación para lograr que el arte sea una experiencia autentica para quienes no han accedido a los bienes simbólicos?

Pensamos que uno de los caminos para acortar las distancias entre las distintas capas sociales consiste en introducir, junto con las visitas guiadas, ejercicios en los cuales los concurrentes juegan a hacer obras con los rasgos estilísticos predominantes en la muestra.

¿Es suficiente un corto tiempo de ejercicios, o hacen falta igualmente largos periodos de educación? Buscábamos responder a estas preguntas, y no sólo las de índole teórica. Si bastaran pocos ejercicios para que las capas sociales menos favorecidas por la educación gusten de las formas estilísticas más avanzadas, habríamos contribuido a que tuvieran un universo simbólico más rico.

Logramos interesar al Instituto Nacional de Bellas Artes de México y a profesores de la Escuela Nacional de Artes Plásticas, para ponerlo en práctica. Restricciones presupuestarias, y el regreso a Argentina impidieron su realización.

Es una deuda que tenemos, todavía, con nosotros mismos, y con los excluidos de los bienes culturales.

4.6. El estilo, después de Wölfflin.

Habíamos mencionado que las "nociones fundamentales de la historia del arte" que enuncia Wölfflin, al igual que las teorías científicas, son objetos estructurales inacabados, que completa y rectifica parcialmente la comunidad de pensadores que sigue tras sus huellas. También mostramos las similitudes entre los problemas que enfrentan y las soluciones que elaboran separadamente la teoría e historia del arte y de la ciencia.

A continuación, presentaremos como ambas tradiciones de reflexión llenan los huecos que deja la concepción de Wölfflin. Nuestro camino toma estos avances como propios, para llevarlos más allá de donde se encuentran.

Recordemos, en primer lugar, que la noción de estilo no es cuestionada mayormente por los teóricos del arte, constituyéndose en un punto de referencia casi obligado para las reflexiones acerca del arte, y el análisis de obras y corrientes artísticas.

Si seguimos la producción teórica de reconocidos estudiosos del arte, vemos que Arnold Hauser (1975) -un viejo discípulo de Wölfflin- acepta la vigencia de los estilos, aun pensando que en su versión original carecen de dimensión social, y dedica sus esfuerzos a llenar esta falencia. Erwin Panofsky (1980) sostiene asimismo que la noción de estilo es central; aunque dedica su esfuerzo teórico a dilucidar cómo las imágenes del arte y su simbología se interconectan con las de la cultura. En cuanto a Ernst Gombrich (1984) -quien fundamenta en la epistemología contemporánea sus posiciones en teoría e historia del arte-, parte de la noción de estilo para cuestionarla, explicándonos que en las artes no occidentales los estilos de Wölfflin no tienen aplicabilidad.

Iniciadores de la sociología del arte, o innovadores de esas viejas disciplinas que son la historia del arte y los estudios de su simbología, se plantearon algunos de estos interrogantes:

¿Cómo evolucionan los estilos? ¿Cómo se relacionan arte y sociedad? ¿Lo formal es lo único que puede analizarse? ¿Tiene aplicabilidad la noción de estilo fuera del arte europeo del pasado, o puede utilizarse para comprender sus formas contemporáneas y a las no europeas?

No intentamos en estos momentos seguir la historia de los análisis simbólicos del arte. Algunas de nuestras conclusiones ya fueron adelantadas anteriormente cuando al profundizar los análisis expuestos en *La estructura psicosocial del arte,* reencontramos en su desarrollo algunos conceptos de Panovsky.

Las reflexiones acerca de la evolutividad de los estilos y sus relaciones con lo social, tienen como actor principal a Arnold Hauser, y se originan en que las respuestas de Wölfflin a estos interrogantes -que consisten en invocar a una "sencilla ley psicológica que dice que de lo simple se pasa a lo complejo" para explicar el cambio entre el estilo clásico y el barroco, o a cambios en la sociedad para el regreso de las formas clásicas-, parecen demasiado simples.

Sin embargo, al apelar a situaciones externas al mismo arte para explicar un cambio que violenta -supuestamente- a las leyes de la psicología, abre un campo impensado de posibilidades que es explorado a fondo por Hauser, cuyas tesis principales presentaremos sucintamente.

Hauser sostiene -y lo ejemplifica abundantemente en sus obras de historia social del arte y la cultura-, que el cambio de estilos ocurre cuando cambia su público. Ya que lo define con la categoría sociológica de clase social, va de suyo que se encuentra íntimamente ligado a los cambios de la sociedad.

En cuanto a su evolución, piensa que no se encuentra predeterminada y no contiene en si mismo el motor -inmanente- de su propio desarrollo, puesto que en cada punto del desarrollo se plantean problemas que admiten más de una solución, lo que posibilita que los artistas elijan -impulsados por las circunstancias sociales-aquellas que recoge a posteriori la historia del arte, dando la falsa sensación de que esa evolución fue necesaria.

En esta vision, tanto los cambios dentro de un estilo como los cambios de estilo, responden a condicionamientos sociales.

Rompiendo con la dialéctica de apenas dos polos opuestos -clásico y barroco- sucediéndose interminablemente a lo largo de los siglos, Hauser

(1972 a, 1972 b) investiga la existencia de un tercer estilo -el manierismo- superpuesto a la etapa final del clásico y la inicial del barroco.

Sus características formales consisten centralmente en una alteración de las formas para obtener ciertos efectos expresivos -alargamientos, como en el Greco; exasperación de algunos elementos, etcétera-. Hauser señala a la "ese" alargada, itálica, como un elemento formal-compositivo característico, y a la inusitada presencia en el Juicio Final de Miguel Angel, de cabezas que aunque se encuentran en el mismo piano que otras, tienen un tamaño menor, lo que contradice la regla básica de la perspectiva.

La presencia de un tercer estilo enriquece el análisis, y posibilita visualizar la presencia de formas estilísticas manieristas en corrientes que pertenecen a otros periodos históricos. De esta manera, el expresionismo contemporáneo puede verse como el manierismo de estos tiempos. Cuando Worringer (1973, 1975) analiza el gótico nórdico, y advierte que se trata de la fase expresionista de ese estilo, no sólo hace historia estilística del arte: señala a los expresionistas -de quien deviene el crítico favorito- sus remotos orígenes, legitimándolos y dándoles arraigo en la tradición pictórica nórdica, a la que pertenecen.

Los señalamientos son importantes y coinciden -incompletamente- con las formas en la evolución de las teorías científicas que admite la epistemología, ya que esta liberaliza aun más los esquemas posibles de desarrollo.

Dadas las similitudes entre las concepciones acerca de la historia del arte y la historia de la ciencia -a las que hicimos referencia anteriormente- es natural que miremos en esta ultima, a los efectos de ver si admite formas evolutivas de la historia que puedan investigarse luego en la historia del arte -y viceversa-.

Si así lo hacemos, vemos que en la obra de Imre Lakatos (1975) se abandona el predominio histórico de un único paradigma -como lo expresa Kuhn, y lo plantea Wölfflin para el arte- al demostrar que existen casos en los cuales lo habitual es la coexistencia de "programas de investigación" que compiten entre si. Sigue -sin saberlo- los pasos que da la historia del arte con Arnold Hauser, al mostrar la coexistencia de estilos divergentes, cuando el descubrimiento del manierismo aleja la vision del estilo único para un periodo histórico dado.

Posteriormente, C. Ulises Moulines (1982, p. 255) muestra la posibilidad de distintos caminos evolutivos para la ciencia; líneas que se bifurcan, otras que coinciden, a veces luego de haberse separado, y siguen todas ellas desarrollos paralelos, etc. La lejanía de los esquematismos rígidos tanto de Kuhn como de Lakatos, hace que sólo la investigación histórica específica puede decir si cierto desarrollo científico sigue el esquema kuhniano de un sólo paradigma por periodo histórico, o de dos programas de investigación en competencia como lo propone Lakatos, o consiste en múltiples líneas de investigación.

Cuando llegamos a este punto, advertimos que ambas historias -del arte y de la ciencia- autorizan a comprender al arte actual como la coexistencia simultánea de múltiples formas estilísticas, y hace que este concepto conserve su fertilidad teórica para la comprensión del arte del último siglo.

Los avances en epistemología y en historia del arte arrojan luz asimismo acerca de la presencia de condicionantes formales en la evolución de los estilos.

La concepción de la ciencia de Imre Lakatos nos muestra que la coexistencia de "programas de investigación" en un mismo periodo histórico es la condición del avance científico, ya que la fertilización y competición entre ellos -independientemente de los factores sociales- causa su mutuo desarrollo. Va de suyo que podemos trasladar esta propuesta a la historia del arte, cuando contemplamos como las distintas escuelas contemporáneas se influyen y enriquecen recíprocamente.

En cuanto a la misma historia del arte, constatamos que en su transcurso, los causales formales aparecen en el interior de un mismo estilo. De esta manera, y muy sorprendentemente -para la concepción "uniformista" de los estilos-, las obras producidas en un cierto periodo no son homogéneas, señal de que los condicionamientos sociales no gravitan uniformemente en todos sus aspectos. En el arte Bizantino temprano, las figuras que representan a los gobernantes son rígidas, mientras que las de los acompañantes menores son vívidas; en el arte Románico sucede lo mismo -lo que llevo a suponer que las primeras fueron realizadas por artistas cristianos, y las segundas por musulmanes-; también en los manuscritos medievales, y en las pinturas y esculturas de las catedrales observamos el mismo fenómeno; idéntico contraste se observe entre los fondos de los paisajes del siglo XV, que parecen casi modernos, y las figuras humanas, ancladas en su tiempo.

---

[2] Si hiciéramos sociología de la ciencia, siguiendo las indicaciones de los sociólogos del arte, intentaríamos ver su evolución como el resultado de los requerimientos que los actores sociales hacen a la comunidad científica, mostrándoles la conveniencia de seguir uno u otro de los caminos posibles.

¿Tiene alguna relevancia la coexistencia de estructuras perceptuales disimiles en una misma obra, o en distintas obras de un mismo artista? ¿Se trata sólo de muestras de incoherencia estilística? ¿O acaso este hecho tiene alguna importancia para la evolución del arte? Si este es el caso, quizás en esas obras no uniformes, se está ante la presencia de la continua creación de nuevas formas en el seno de las preexistentes, que sugieren a la comunidad artística los caminos para la ulterior evolución y revolución de los estilos.

A la luz de las consideraciones anteriores, los estilos pueden cambiar por el peso de factores formales, tales como la fertilización cruzada de formas entre estilos -como lo expresa Lakatos para la ciencia-, o en el interior de un mismo estilo, como lo muestran las disonancias estilísticas en un mismo periodo histórico. Se trata de verdaderos experimentos formales sobre los que actúan los agentes sociales, cuando seleccionen entre esos caminos posibles, aquellos que finalmente sigue la evolución del pensamiento.

¿En qué se transforma la noción de estilo y que permanece en ella, luego de que la teoría e historia del arte y de la ciencia dejan su impronta, cambiándola?

En primer lugar, permanece firme la postulación de una estructura característica para el arte -que extendemos a las demás formas culturales-, que condiciona la percepción y cuya evolución pasa por etapas prolongadas de desarrollo con cambios acumulativos, y otras de cambio revolucionario. Añadimos a esto la posibilidad de que poseen múltiples formas evolutivas -y no una única-, mediadas por lo social. Finalmente, que su análisis no puede separarse del de las imágenes presentes en la obre de arte, ni de su contenido simbólico, entendidas asimismo como estructuras enlazadas a las anteriores.

5. Sociología del arte y de la cultura.

En este apartado comentamos el trayecto que lleva desde la sociología del arte a una comprensión de la estructura social, la formación de los grupos sociales y los individuos.

Del estilo a la sociología del arte expone el pasaje desde la concepción de la producción artística en un sistema productivo diferenciado, presente en *La estructura psicosocial del arte,* a pensar que el mismo posee la estructura tripartita que propone Arnold Hauser, aunque diferenciándose al considerar que tanto artistas, como público o intermediarios son agentes sociales colectivos que interactúan entre si.

Se discuten las consecuencias de esta propuesta para el rechazo a un mecanicismo que subsume la peculiaridad de cultura en la determinación por la estructura económico-social.

Se sostiene que la existencia simultánea de diversos estilos en cada forma cultural fragmenta al espacio social de la producción simbólica, así como la diversidad de productos materiales fragmenta a la producción de bienes de uso.

La construcción de los colectivos sociales postula la necesidad de la formación de los aprendices en cada campo cultural por la acción docente de sus miembros, particularmente de quienes son reconocidos como maestros. Se menciona la estructura de esta especial interacción y su importancia a la hora de forjar las identidades sociales.

Los campos culturales de Bourdieu analiza -para su crítica- la conception de Pierre Bourdieu, señalando los determinismos que la caracterizan. Asimismo se cuestiona el empleo de términos que provienen del campo teórico de la economía, que pueden transportar consigo parte de su pesada carga simbólica cuando se utilizan para el análisis de la cultura.

Se sostiene que la construcción de las comunidades mediante sus interacciones sociales específicas permite fundamentar en las más elementales reglas de sociabilidad, las normas de solidaridad y democracia que son esenciales para su óptimo funcionamiento.

Las comunidades culturales y la encuesta de arte, al analizar las encuestas al público de arte, profundiza en los mecanismos de construcción de los colectivos sociales, e insinúa los modos que deben adoptar las políticas culturales para ser eficaces a la hora de hacer participar de la riqueza simbólica que circula en sociedad a grupos sociales cada vez más amplios.

La distinción y la construcción del individuo toma como punto de partida la apropiación desigual de los bienes culturales -que en Bourdieu lleva a la identidad simbólica de los grupos sociales- para postular la construcción de individuos únicos, que enriquecen con su aporte distintivo cada uno de los campos sociales en los que interactúan.

Conduce a la concepción de una subjetividad heterogénea, múltiple y contradictoria, espejo de una sociedad asimismo múltiple y diversa, ahora como nunca en la historia de la humanidad.

5.1. Del estilo a la sociología del arte

Las investigaciones acerca del estilo nos conducen directamente hacia la sociología del arte, ya que podemos introducir, siguiendo el ejemplo de la historia de la ciencia, el concepto de comunidad artística como aquel conjunto social especializado en producir arte, similar al de comunidad científica. De igual manera, la noción de comunidad científica abrió caminos a la investigación sociológica en ciencia.

En *La estructura psicosocial del arte* sugerimos que el arte se produce en el seno de un sistema de producción especializado, que difiere de los demás. En realidad, pensamos que lo mismo sucede en los restantes campos culturales, extendiendo a éstos la idea -aplicada a los bienes materiales ya por Marx (1977)- de que no existe producción en general, sino producciones específicas. Aceptamos asimismo que se encuentra integrado por tres instancias inextricablemente unidas, que hacen a la producción, la distribución y el consumo -como sucede con los bienes de uso-, a cargo de agentes sociales determinados.

Desde la sociología del arte, Arnold Hauser piensa que estos agentes sociales son los artistas -situados en el polo productor-, el público -funcionalmente situados en el polo consumidor-, y un conjunto de agentes sociales que ofician de intermediarios entre el artista y el publico, tales como críticos, teóricos, galeristas, museístas, etcétera, que se instalan en el polo distribuidor. Artistas, intermediarios y público conforman un sistema social en el que se produce, circula y se consume la obra de arte.

Resulta curioso que Hauser piense que el público constituye una categoría social colectiva, mientras que no adopta el mismo criterio para el polo productor, con la consecuencia de no despegarse de quienes proponen una relación privilegiada entre el artista y la obra -como lo hace el romanticismo.

Vimos que Wölfflin escapa a esta problemática al proponer una historia de los estilos y de sus ópticas que es -en sus palabras- una "historia del arte sin nombres" aunque debemos apuntar que lo hace al costo de eliminar de ella a los agentes sociales, ya que estas formas tienden a evolucionar por su propia dinámica -en cierto sentido inmanentista-.

En este contexto proponemos que el polo productor del arte está formado por la comunidad artística -un agente social colectivo para un producto asimismo colectivo, el estilo-. Como veremos más adelante, no eliminamos de nuestra propuesta al individuo -productor indiscutido de la obra de arte-, y su rol en la sociedad.

El paso siguiente es casi obligado: considerar que los intermediarios -al igual que el público o los artistas- constituyen una capa asimismo colectiva.

(Es necesario aclarar que en nuestra percepción, los agentes sociales colectivos no poseen las propiedades que caracterizan a los individuos, y por consiguiente no concebimos pensamientos, deseos, o voliciones que sean colectivos. Los interpretamos como estructuras, en las que los individuos son sus elementos, y el tipo de relaciones que los conectan corresponde fundamentalmente a lo que hemos llamado interacciones.)

Sistema de producción artístico

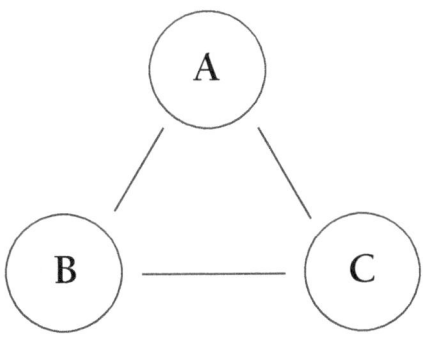

El esquema representa los tres polos del sistema de producción del arte. El conjunto A representa al polo productor -comunidad artística-, el conjunto B al polo consumidor -público-, y el C al polo distribuidor -intermediarios-, interactuando entre sí.

Ya hemos visto que para Hauser el público influye sobre el desarrollo del arte. Si nuestro esquema fuera correcto, cada una de las instancias que lo integran debiera influir sobre las otras dos. Este supuesto teórico -que propone investigar el papel de los intermediarios en la evolución de las formas artísticas- se ve confirmado por los datos acerca de las fundaciones encargadas de difundir el arte, en las que los miembros de su burocracia tienen sobre la legitimación de las formas artísticas un peso que mayor que el público o los propios artistas (García Canclini, 1994).

Esta manera de concebir al arte tiene algunas consecuencias que creemos de importancia, y que parten de las premisas de que tanto las formas culturales como los bienes de uso poseen sistemas especializados de producción.

Entre ellas, se rompe el mecanicismo de una dialéctica por la cual la cultura se considera una simple superestructura determinada por la infraestructura, en la que las clases sociales reflejan directa y conflictivamente sus intereses.

Por lo contrario, es en el interior de los sistemas productivos culturales donde se juegan las alianzas y conflictos que determinan su evolución. Son sistemas con eficacia propia y no un simple reflejo de lo económico o lo político, que dejan como interrogantes que se contestarán a continuación la manera en que se conectan con estos.

Es de hacer notar, asimismo, que tanto "superestructura" como "infraestructura" dejan de referirse a espacios homogéneos, pues se encuentran fraccionados por la existencia de múltiples sistemas productivos para cada bien cultural, y cada bien de uso, con intereses propios que armonizan o chocan conflictivamente.

En nuestras investigaciones damos una vuelta de tuerca más en el rechazo del mecanicismo, al distinguir entre una *ideología teórica* -la ideología que la teoría asigna a las clases sociales: revolucionaria para el proletariado, reaccionaria para la burguesía-, a la que tienden las clases sociales por definición desde su *en-sí* cuasi hegeliano -y que aparece en ciertos momentos históricos en que devienen *para-sí*-, como lo expresa Lukács 1969), y una *ideología empírica*, la que efectivamente exhiben las distintas clases sociales en los estudios sociológicos.

Descreemos, vistos los continuos fracasos en predecir desde la teoría la evolución de las ideologías y las acciones de las distintas clases sociales, en la corrección de la ideología teórica. En consecuencia, tendemos a pensar que únicamente existe un sistema de conocimientos, representaciones, narraciones simbólicas y habilidades prácticas, que es propio de cada colectivo social, que podemos identificar con la así llamada ideología empírica, construida en la interacción social.

El poder explicativo de esta imagen de la sociedad -escindida y con ideologías no predecibles desde la teoría- reside en que al no atribuirse un interés único y predeterminado a las clases sociales, permite comprender más adecuadamente ciertos cambios sucedidos en la historia que son inexplicables dentro del horizonte teórico mecanicista. La historia puede ser vista como el resultado de las relaciones conflictivas tanto entre las clases como entre sectores suyos, y los resultados que son inesperados para el dogmatismo rígido, se explican por alianzas heterogéneas de sectores y clases que inclinan la balanza rompiendo las tendencias hasta entonces hegemonices, sin que ninguno de ellos sea determinante a priori. La historia -el futuro- como lo constatamos es sorprendente e inesperada, lejos de caminos prefijados.

En lo que respecta al arte, la ciencia, y los demás productos de la cultura, autoriza a una historia y una sociología diferenciada para cada uno de ellos, ya imposibles de subsumir en la historia y sociología general, como lo entiende la vision dogmatica. Por este camino transita gran parte de las historias que se narran actualmente, sean de las mujeres, de la vida cotidiana, de los niños o de los castigos judiciales.

La historia oficial, al decir de Karl Popper, no es más que la historia del latrocinio, las matanzas, las traiciones perpetradas por el poder. A los ojos del historiador actual, las grandes migraciones, o los hábitos sexuales son más significativos para la evolución de la humanidad que las conquistas o las guerras victoriosas, y piensa que Newton o Rembrandt hicieron más por la evolución del género humano -y por lo tanto revisten una importancia histórica mayor- que Alejandro Magno o Napoleón.

La "ideología" de los productores culturales no es ya necesariamente la de las clases del sistema productivo, y menos de la dominante -burguesía-, de la cual en muchas ocasiones los artistas, en pequeños o grandes grupos, son claramente adversarios. Vemos que el arte de algunos países no es el de su clase dominante, sino que en muchos de sus mejores exponentes, es el de sus objetores, el de aquellos que muestran sus falencias en lo social, pero también en lo imaginativo, y en lo formal.

(Quizás por esta circunstancia el arte y la cultura en países como Argentina no haya tenido el apoyo les han dado otras burguesías en otras sociedades. A los ojos de la prolongada hegemonía conservadora, el origen inmigratorio de los productores de cultura y sus cuestionamientos el orden establecido pudo ser un obstáculo insuperable.)

Rompemos esa concepción mecanicista y entramos en un mundo más libre, sin tantos condicionamientos y determinismos; con un arte, una ciencia y una cultura que tienen vida propia, siguiendo el curso de sus propios derroteros, sus propias ilusiones, sus propias tradiciones, que a veces se acercan y a veces se alejan de las imposiciones del poder; con una historia que los agentes sociales pueden sentir suya -y no prestada- y una sociología que no se deduce de las clases sociales.

Sin embargo, no es todavía todo lo que podemos decir acerca del arte, su historia y su sociología, y que se deriva de las investigaciones acerca de los estilos y los paradigmas.

La presencia simultanea de varios estilos, como consta apenas se profundiza en su estudio -particularmente notoria en el arte actual- hace que incluso estos campos acotados se fragmenten en múltiples subconjuntos de comunidades artísticas, que en ocasiones se superponen parcialmente, con miembros -artistas individuales- que pertenecen a más de uno de ellos.

Lo mismo puede decirse de los demás campos culturales, incluido el científico.

La sociedad toda, entonces, dejaba de tener el clásico esquema tripartito, en el que la burguesía y proletariado ocupan los polos contrapuestos, entre los cuales oscila -indecisa- la medio burguesía, para ser un mosaico heterogéneo, contradictorio, nunca estabilizado de grupos sociales en continua formación a partir de los existentes, superpuestos parcialmente, o separados por amplios espacios sociales. Cada uno de ellos con sus propios intereses, modos de percibir, de sentir, de interactuar, incluso de hablar entre si o con los otros.

Aparece, entonces, una sociedad múltiple, caleidoscópica, no uniforme, en la que las alianzas para fines determinados no se encuentran inscriptas inexorablemente en supuestas ideologías homogéneas, sino en la coincidencia puntual de intereses acerca de tópicos que son comunes en un momento determinado.

Por supuesto, esta visión no excluye la construcción de percepciones comunes por parte de grandes grupos de la sociedad como resultado de preocupaciones y experiencias compartidas.

Visualizamos una sociedad con múltiples identidades provenientes de sus diversos colectivos sociales, en la que las identidades y comunidades territoriales -sean globales, nacionales o regionales-, coexisten con las clases sociales -una categoría a la que no renunciamos- pero también con otros colectivos, producto de múltiples prácticas sociales -artísticas, científicas, deportivas, políticas, etcétera- que se superponen con los anteriores, cruzándolos transversalmente y en ocasiones rompiendo sus limites, hasta llegar a pequeñas comunidades, determinantes tanto unos como otros, ya que la pequeñez no siempre implica una importancia menor.

En ocasiones -como lo constatamos en la historia reciente- desde cualquiera de ellos puede extenderse un modo de ver al conjunto de la sociedad. Los aislados objetores de conciencia frente al poder, a veces transforman el sentir general y la percepción de las cosas en las amplias mayorías. Fueron pequeños grupos los que iniciaron la ruptura del muro de Berlín, y las Madres de Plaza de Mayo con su reclamo por sus hijos impusieron -junto con los aislados grupos de Derechos Humanos- una agenda social indiscutida.

En este momento, pese a que nuestro intento teórico se origina en las premisas elaboradas en *La estructura psicosocial del arte* -piagetiana y social- y en sus evoluciones posteriores, puede ser presentado como una continuación legitima de un programa de investigación iniciado en los años treinta por Arnold Hauser, a quien retomamos -corrigiéndolo- en todas sus instancias, sea en el plano social, como en el formal y el psicológico, y que extendemos a todas las formas de la producción cultural.

Un proyecto de investigación que se profundiza mediante la incorporación y la crítica de la concepción de los campos culturales de Pierre Bourdieu.

Con respecto a la estructura social del sistema de producción artístico, introducimos la noción de agentes sociales colectivos, tanto en la producción como en la distribución del arte.

Con respecto a lo formal, llevamos la noción de estilo más allá de los trabajos de Wölfflin, basándonos tanto en los avances de la comunidad de teóricos del arte, como de la de epistemólogos e historiadores de la ciencia.

En cuanto al piano psicológico, que Hauser introduce para conectar lo formal del arte con lo social -"lo social tiene que pasar por la cabeza de los hombres", cita a menudo para justificar la necesidad de ese tercer piano que media entre la obra y la sociedad-, pensamos primeramente que la psicología de Piaget -y no la ideología- es la herramienta conceptual adecuada para comprender no sólo los mecanismos de formación y exteriorización de las estructuras del arte, sino también los que rigen a los intercambios sociales.

Posteriormente, vemos que se trata en realidad de estructuras disposicionales pos piagetianas -en el sentido que mencionamos en el capitulo respectivo-, cuya racionalidad se comprende sólo luego de adoptar y modificar a Piaget, para finalmente alejarse de él.

Desde estas perspectivas teóricas, analizaremos a continuación los aspectos más específicamente sociales de la producción artística y cultural.

Resulta claro a esta altura, que debido a que nuestra teoría de la cultura es une extensión de la teoría del arte, adoptemos la terminología que le es propia para designar a las estructuras disposicionales psicológicas que son características de los campos culturales, llamando *estilo* a esa mezcla compleja de estructuras formales, cognoscitivas, simbólicas, perceptivas, habilidades prácticas y estructuras afectivas que residen en el psiquismo de sus miembros.

Por otra parte, debido a que la noción no se encuentra presente en la sociología del arte, llamamos comunidad o colectivo a los grupos sociales que integran a los sistemas en los que se producen bienes culturales.

5.2. La construcción de los colectivos sociales.

A los efectos de analizar los mecanismos por medio de los cuales los colectivos sociales -entre ellos el del arte- se constituyen, partiremos del principio de que permanecen cohesionados y se renuevan, si y sólo si sus miembros participan de ceremonias, algunas de las cuales son de iniciación y otras de reiteración de su pertenencia a los mismos.

Esto implica que no hay aprendizaje de las normas de una comunidad sin la interacción con sus miembros más plenos. Casi tautológicamente, no hay socialización sin acciones sociales. Sólo otro miembro de una comunidad dada -que se encuentra investido con la autoridad suficiente- puede iniciar a un nuevo adherente en los saberes específicos del colectivo, y sólo en la interacción se pueden adquirir los puntos de vista, los gustos y los pareceres que se derivan de los mismos, sus estructuras disposicionales características.

Para sostener esto no basta referirse a los conocidos ejemplos de los niños-lobo, niños perdidos y criados en la selva por los animales, que si no son rescatados a una edad temprana no acceden nunca más a la condición humana. Aunque muestran suficientemente que sin los continuos estímulos de sus semejantes no se deviene humano, lo que decimos se refiere a algo más específico. Decimos -por ejemplo- que nadie puede ser científico si no interactúa con la comunidad científica. Que nadie aprende correctamente los saberes de las comunidades sociales a las que intenta pertenecer, si no comparte esa experiencia inigualable que es el aprendizaje con quienes tienen sobre sí la responsabilidad de oficiar de maestros.

Esto es así porque cada una de las comunidades culturales es el producto decantado de una larga tradición histórica, que es necesario asimilar y sintetizar para ser miembro pleno. Los puntos de vista -estructuras perceptivas-, las habilidades específicas, los marcos conceptuales que las caracterizan, se construyen únicamente si quienes los poseen enseñan cuáles son las Gestalten correctas, las habilidades adecuadas, el uso correcto de los conceptos, corrigiendo progresivamente los esbozos erróneos que necesariamente elaboran los neófitos.

Existe una corroboración dramática de esta afirmación, narrada por quien posiblemente haya sido el único que pudiera hacer inferencias epistemológicas en ese medio, y referirnos el episodio.

Ludwik Fleck fue un investigador en bacteriología -y epistemólogo- que llevado los campos de concentración nazi, no es exterminado como otros judíos debido a que podía producir suero anti tifoideo para las tropas alemanas. Allí se las arregla para sobrevivir, distribuir suero antitifoideo a otros prisioneros del campo, que sobrevivieron como el gracias a eso, enviar suero inactivo al frente alemán, y ser testigo de un episodio sorprendente.

Sintéticamente, nos narra (Fleck 1989 pp. 118-127) que un grupo de prisioneros del campo, educados e inteligentes, es puesto por el comandante del mismo -debido a que quería hacer méritos especiales- a investigar un problema bacteriológico, proveyéndolos de una bibliografía adecuada. En su percepción, esto debía obviar el hecho de que ninguno de ellos había realizado estudios previos en medicina. Nunca hubo estudiantes más estimulados a aprender su materia que este grupo de prisioneros; del éxito que tuvieran dependían sus vidas.

Forman un pequeño y activo grupo, aislado de la comunidad de los bacteriólogos, que con el estudio e intensas discusiones uniforman criterios y aprenden a ver al microscopio los gérmenes causantes y sus lesiones características. Con el tiempo, llegan a conclusiones que creen validas, y que transmiten en la jerga de esa disciplina especifica. Tienen tanto éxito que alguno de sus artículos fue publicado en revistas científicas alemanas, llenando de orgullo al comandante nazi. Como vemos, se han cumplido acabadamente en el ejemplo las condiciones epistemológicas sociales que caracterizan al conocimiento científico válido.

¿Queda desmentido nuestro supuesto de que la función del maestro es indispensable para aprehender los conocimientos y habilidades de una comunidad?

En la continuación de la historia, se incorpora al grupo alguien que tiene una experiencia mínima en las tareas de laboratorio. Cuando revisa los preparados en los que el grupo apoya sus hallazgos, comprueba con gran sorpresa que lo que describen es erróneo. Las bacterias que observan no son las que dicen, los cambios que describen en los preparados no existen.

El problema es el siguiente. Los prisioneros cuentan únicamente con las fotos de preparados y las descripciones de los libros de texto y de los artículos, y estas intentan descifrar lo que observan en los preparados. Ahora bien, cada preparado es, por supuesto, distinto de los demás, por lo cual todas las imágenes percibidas, que difieren necesariamente de las ilustraciones de los libros de texto, deben ser interpretadas como desviaciones de una estructura perceptiva, a la que todas ellas se reducen mediante un sistema de transformaciones. Pero para separar correctamente las desviaciones aceptables de aquellas erróneas, se requiere la construcción previa de una percepción correcta entrenada, una Gestalt. Los prisioneros interpretan los preparados de una manera razonable, luego de discutir colectivamente los resultados hasta que se homogenizan sus opiniones, con lo que tornan en objetivos -socialmente intersubjetivos- a los pareceres individuales. Sin embargo, pese a su interés en no equivocarse, construyen una Gestalt que difiere de la de los bacteriólogos, y que el menos formado de ellos capta en sus errores.

Una de las enseñanzas que deja el relato es que no basta ser inteligente, estudiar, y discutir grupalmente para aprender o hacer ciencia. Las Gestalten que la caracteriza son una construcción colectiva e histórica, y sólo se aprehende a través de los miembros de la comunidad. Ningún individuo o grupo aislado puede reconstruir por si mismo la evolución que experimenta una Gestalt en el seno de un grupo de expertos, desde sus primeros esbozos al comienzo de la historia de la ciencia, hasta el momento en el cual cristaliza y se constituye en la única reconocida como valida. Ni reconstruir por sí la historia de las sucesivas Gestalten válidas.

Con todo esto no hacemos más que reiterar en otro plano la importancia fundacional de las acciones -e interacciones- para la construcción del pensamiento. Son las interacciones en el seno de las comunidades las que llevan a la construcción de esas estructuras disposicionales que son los estilos y que abarca tanto a las Gestalten, como el conocimiento practico y teórico que les son específicos.

El siguiente paso -quizás todavía en estado embrionario y no excluyente de otros mecanismos- lo dimos cuando intentamos responder por la clase de intercambios que se encuentran en el fundamento esos grandes colectivos formados por quienes residen en un país, y que indudablemente poseen una forma de ver, hablar, sentir y percibir comunes.

Una de las maneras clásicas de justificar estas uniformidades reside en atribuirlas a su trasmisión "ideológica" a partir de una educación básica común, y -más recientemente- del mensaje de los medios de comunicación masiva. Pero si pensamos que lo determinante de un comportamiento no consiste en una ideología que se impone exteriormente, sino en la existencia de estructuras de pensamiento formadas a partir de la interiorización de acciones, debemos buscar en esas instancies de socialización la clase de intercambios que lo posibilita.

(La noción de "aparato ideológico del estado" con que se menciona al sistema educativa nos parece totalmente limitado, pues deja por fuera la enorme labor de difusión de conocimientos objetivos que realiza, y sin los cuales nadie puede ser un ciudadano con oportunidades en las sociedades modernas.)

Cuando esbozamos cuál es la índole de esas acciones comunes sin las cuales no hay construcción posible de identidades comunes, avanzamos desde el punto en que nos deja el relato de Fleck, limitado a la importancia de la interacción entre quienes ofician de maestros y sus discípulos en ciencia. Las extendimos a cualquier comunidad cultural, entre ellas la del arte, y a las acciones que se encuentra implicadas en su cohesión y mantenimiento posterior.

Comencemos por intentar vislumbrar esas acciones en el sistema escolar, dejando para más adelante el análisis de los medios masivos de comunicación, en los cuales las respuestas rondan el abandono de una teoría de la comunicación para la cual el receptor es pasivo.

Por supuesto, no ponemos en discusión la importancia de la repetición de los conceptos que definen una nacionalidad en el curso de los años escolares a la hora de su interiorización -como en el aprendizaje de cualquier sistema de pensamiento-, ni de los intercambios discursivos, aunque creemos que no son los únicos, y de escasa eficacia si no coinciden con prácticas especificas en los cuales tenga apoyo. En este sentido, los mejores candidatos son esas ceremonias que arrecian en las escuelas durante las fechas patrias, y que son precedidas por largos ensayos que cumplen la función de hacer que los alumnos asuman los papeles de los héroes de la patria, identificándose así con ellos, interiorizando por imitación los contenidos simbólicos propuestos por el sistema escolar. Mas no termina allí su función didáctica. Los rituales que las acompañan -que tan bien conocemos- hacen que los participantes asuman los roles diferenciales que el proceso educativa quiere poner de relieve: el de los alumnos como disciplinados escuchas del discurso del poder; el de los profesores, como quienes lo ejercen; el del público, como quienes reiteran sus experiencias infantiles.

Se trata, a primera vista, de ceremonias que enseñan a querer y respetar al poder, a sus símbolos, y a sus escenas históricas fundacionales -los mitos fundacionales de esos colectivos sociales que son las nacionalidades modernas.

Este aprendizaje por teatralización nos parece fundamental para que se interioricen los roles sociales centrales de la sociedad. Su desempeño, como es sabido, va acompañado de sentimientos y percepciones que son parte inescindible de las comunidades amplias a las que hiciéramos referencia.

Por supuesto, en estas teatralizaciones ritualizadas, los agentes sociales pueden introducir variantes que cambian las reglas del juego, como sucede en la transmisión de pautas de conducta en grupos etarios homogéneos -intercambios horizontales- en el que los niños o los adolescentes alteran sus roles habituales, y con ellos los de todo el sistema.

El tranquilo ordenamiento vertical de los sistemas escolares puede ser reemplazado por la insubordinación y la rebeldía, alterando a los ritos que transcurren en el aula. Sus modificaciones, provocadas por la importación de pautas exteriores, se encuentran en la base de las dificultades en los procesos de enseñanza y aprendizaje que se detectan a diario en las escuelas de nuestros días.

Los rituales escolares se superponen a los intercambios en el seno de las familias y de los grupos de niños primero, de adolescentes luego; a los que existen en los juegos y en las experiencias de amistad y de amor.

Son los intercambios sociales estructurados en rituales -teatralizados- que se dan en grupos acotados -pequeños o extensos- los que forjan las maneras de procesar las experiencias que son peculiares de quienes forman cada grupo social amplio, cada región, cada nación, y que los hace reconocibles entre si, y por los otros. Marcan los cambiantes límites de las identidades en los que se ven incluidos los agentes sociales.

Sabemos que en todas las comunidades hay ceremonias de iniciación y de reiteración de lealtad a sus valores que implican roles y acciones, que se repiten perpetuándolas y perpetuándolos. No sólo en estos grandes colectivos de las nacionalidades, sino también en los artísticos, culturales, políticos, las ceremonias instauran y refuerzan identidades, y diferencias en su seno -recordemos que las comunidades, en nuestra percepción, no son homogéneas, pues están formadas por al menos tres subconjuntos, constituidos como tales mediante ritos iniciáticos específicos.

En el arte, podemos ejemplificarlos mencionado a la primera experiencia de concurrir a una exposición-, como aquél que imprime el sello de la comunidad artística en la comunidad subordinada del publico; la primera obra realizada en el taller del maestro, en el de los artistas; la primera crítica u organización de exposiciones, en el de los intermediarios. Y finalmente, la gran ceremonia festiva de las inauguraciones, en la que se consuman los intercambios entre todos ellos, el sitio en el que el campo en su conjunto se unifica alrededor de la producción, circulación y consumo de aquello que aprecian, la obra de arte.

Hasta el momento, nos hemos referido a los intercambios directos, en los que los agentes sociales actúan sin mediaciones, entre sí, y con los objetos culturales mismos. Existen, asimismo, intercambios mediados, que sin embargo, son eficaces a la hora de constituir y afianzar a los colectivos sociales.

En muchas ocasiones, los medios colectivos de comunicaciones difunden las estructuras básicas que caracterizan a ciertos estilos culturales -como las que se dan en los teleteatros, noticieros, entretenimientos, series de televisión, etcétera-. Esta adquisición mediada de estructuras se afianza en interacciones posteriores, cuando los agentes sociales las utilizan en sus conversaciones y discusiones. Sin ellas, perderían toda eficacia a la hora de constituir comunidades específicas.

Contribuyen a la diferencia social cuando son apropiadas diferencialmente por las distintas capas sociales -como sucede con toda forma cultural, pero centralmente, se encuentran entre los elementos que hacen, junto con la escolaridad, a la identidad de los grandes colectivos.

En otras, y muy recientemente, las interacciones cara a cara que caracterizan a la sociabilidad en todos los tiempos -reforzadas por el intercambio epistolar tradicional- tienden a reemplazarse parcialmente por los intercambios casi instantáneos -en tiempo real- de Internet. Cumple en cierto sentido el rol que anteriormente pertenecía a la correspondencia de papel escrito, que también podía reemplazar el contacto personal, aunque ahora llevado a un nivel impensado.

Las charlas y la correspondencia virtuales son una potente herramienta de creación de comunidades que se encuentran en el espacio virtual y que se reconocen en su pertenencia porque coinciden en sus preferencias culturales -como sucede con cualquier comunidad-. Poseen la capacidad de crear intercambios y subcomunidades reales -si sus miembros se encuentran en algún momento-, o de reforzar las ya existentes -si los encuentros personales ya han ocurrido-, y por lo tanto, de satisfacer todas aquellas necesidades de identificación e interacciones que toman su punto de partida en la preferencia inicial que los reúne en la sala de chateo, y que conducen desde allí hacia otros gustos, otras coincidencias, amistad, amor, acciones comunes, etcétera.

Los conceptos de ritualidades, teatralizaciones, escenificaciones abarcan estas situaciones en las cuales los miembros de las comunidades interactúan cumpliendo con sus respectivos roles, adquiriéndolos y reafirmándolos. Teatralidad, ceremonias y puestas en escena para constituirlas y para continuarlas.

Los intercambios sociales, cuando persisten en el tiempo tienden a institucionalizarse, generando rituales continuos en el tiempo, y lugares específicos para que tengan lugar -escenarios-. Estas comunidades estabilizadas confían a algunos de sus miembros el mantenimiento de los espacios y las ocasiones de las interacciones, y al diferenciarlos, generan con frecuencia situaciones de poder -hegemonías- que intentan señalar las formas legitimas de las manifestaciones del estilo, superponiendo su criterio de burocracia al consenso comunitario.

Los colectivos sociales modernos implementan nuevas vueltas de tuerca de viejos ceremoniales -como los ritos iniciáticos de las religiones, o de los talleres de artesanos-, adecuándolos a sus fines, y representándolos en otros contextos; con ellos imprimen su sello a sus nuevos miembros. A los ritos de iniciación siguen otras representaciones y escenificaciones cuyos aires de artificiosidad impacta a quien los contempla desde afuera, pero que son serios mirados desde el interior de las comunidades que los tienen como sus ceremonias centrales. Nada hay más exótico para el asistente a las funciones de la opera que los eventos que tienen lugar durante los conciertos de rock; ni para los amantes del futbol que los domingos que pasan jugando al ajedrez quienes pertenecen a esta comunidad.

En las teatralizaciones, los distintos roles están prefijados de tal manera que en las interacciones que suscita se consagra su importancia y su pertinencia para el grupo.

Un hecho por demás curioso es que una vez que se es iniciado en los ritos de una comunidad, y se es un miembro suyo, se posee la clave para actuar de forma cada vez más comprometida los roles diferenciales que ofrece, ya sea de productores, de intermediarios o de aficionados exigentes, y adueñarse de la herencia ancestral de conocimientos y habilidades que los caracterizan. Al hacerlo, sucede que la comunidad a la que se pertenece no es únicamente la de aquellos con los cuales se interactúa, sino que abarca a todos los que pertenecieron a ella en el pasado, y dejaron su huella, en la forma de sus monumentos característicos: obras de arte, textos de ciencia, textos literarios, arquitectura, etcétera. Un artista -o un aficionado al arte- interactúa con Miguel Angel, un científico -o un estudiante de ciencia- interactúa con Newton. Incluso en las comunidades cuyos productos son efímeros -como la deportiva- las filmaciones permiten apreciar -y aprehender- las habilidades que otros poseyeron en el pasado.

Posiblemente por esta circunstancia sea tan difícil para las ciencias sociales -sociología y antropología de la ciencia, entre otras- identificar estas comunidades a partir de las huellas que dejan las interacciones, sean concurrencias conjuntas a congresos, citas mutuas en revistas especializadas, etcétera: porque son en gran parte simbólicas, y no efectivas: basta ver obras del pasado, o leer textos de siglos atrás para incorporar al psiquismo parte de las estructuras puestas allí, e interactuar con ellas; incluso, construir con ellas algo nuevo. (Va de suyo que no pensamos que esta interacción sea lineal, directa, y que se encuentre libre de la carga interpretativa que el desarrollo posterior interpuso entre el pasado y el presente.)

Cuando el crítico de arte o el historiador intentan seguir la genealogía intelectual de algún artista, tropieza con el inconveniente de que en ocasiones la mayor influencia la experimentó en una visita ocasional a algún museo secundario, donde una obra lejana en el tiempo lo impactó, y dejó su huella en su propia obra. En este caso, no tienen ninguna utilidad las herramientas de la sociología -basadas en el estudio de grupos sociales actuales-, sino el propio conocimiento del teórico, que rastrea en la obra actual los indicios que muestran los caminos por los que discurre el artista cuando construye su propia comunidad estilística, en la que ocupan un lugar destacado aquellos a los que considera sus ancestros, más allá de quienes sean sus contemporáneos.

Los intercambios sociales son, asimismo, la clave de esas situaciones en las que se generan grandes cambios globales a partir de pequeñas comunidades, haciendo que todos saquen las conclusiones necesarias de ciertas experiencias compartidas por todos -y que por lo mismo las fundamentan-. No de otra manera las acciones de los grupos de derechos humanos hacen notorias las desviaciones acontecidas, tornando consciente hechos y experiencias que todos compartieron, pero que no percibieron en su justa medida.

(En esta formulación se intentar sentar que si no existieran las experiencias -en la forma de percepciones y de acciones interiorizadas- acerca de los cuales insisten las minorías, no hay posibilidad de una revisión de su significado. Cabe, en ocasiones la construcción de una nueva conciencia -un nuevo estilo- a partir de las interacciones de grupos minoritarios con la mayoría.)

5.3. Los campos culturales de Bourdieu y sus problemas.

En más de una ocasión, y durante largos años, pensamos que nuestro pensamiento tendía a coincidir casi totalmente con el de Pierre Bourdieu (1979, 1980), aunque se diferenciaba en el énfasis puesto en ciertos puntos o en un desarrollo desigual en otros, quizás debido a que partimos de tradiciones distintas.

Después de todo, la noción de que la sociedad se encuentra escindida en campos, entre los que se sitúan los culturales -artístico, científico, etcétera-, y los político, económico, etcétera, parece similar a la nuestra de pensar múltiples sistemas productivos, sea para los bienes culturales o para las mercancías.

Además, su rechazo a hacer de la ideología una instancia explicativa central de lo social, reemplazándola por el *habitus*, esa persistencia en el cuerpo de las disposiciones que caracterizan a un campo -eminentemente práctico y no discursivo-, coincide con nuestras propias intuiciones acerca de esas estructuras prácticas que pueblan el psiquismo de los agentes sociales.

No importa que la noción de habitus no este teóricamente fundamentada: pensábamos que nuestros desarrollos a partir de Piaget la incluyen y la superan, dotándola de la epistemología que le falta. Tampoco que no distinga adecuadamente -a nuestro parecer- las tres instancias del proceso productivo -producción, distribución y consumo- incorporándolas a la reflexión acerca de la estructura. O que no piense en agentes sociales colectivos para los campos.

Pese a eso, y quizás por eso mismo, por la posibilidad de que ser -para nosotros- una teoría abierta, a la cual aportar desde nuestra propia perspectiva, la incorporamos como presupuesta a nuestros esquemas teóricos. Bajo su inspiración exploramos el campo artístico de Buenos Aires con encuestas y entrevistas al público de arte, a galeristas y a directores de museo.

En los siguientes capítulos la figura de Bourdieu ocupa un lugar privilegiado; índice del lugar que desempeña en nuestras reflexiones teóricas y en las investigaciones empíricas acerca del público de arte, que hicimos tras sus huellas.

No fue sino después de un largo periodo durante el cual aceptamos sus principios generales como propios, que comenzamos a percibir que en su concepción coexiste -junto con aportes genuinos y por demás valiosos- cierto grupo de conceptos que -en una interpretación a la que no sería ajena el mismo Bourdieu- conducen a soslayar aspectos que creemos centrales en la constitución de las comunidades sociales, y en las investigaciones empíricas.

En los apartados siguientes, desarrollamos primeramente el análisis crítico de esos conceptos teóricos presentes en su teoría, para fundamentar luego la autonomía de los miembros de las comunidades sociales y la solidaridad implícita en su funcionamiento.

A continuación, haremos una crítica de los fundamentos de la encuesta de arte y esbozaremos los elementos de su reformulación.

Finalmente, iremos más allá de la concepción de Bourdieu, para proponer los mecanismos de construcción social de la subjetividad individual.

Comencemos, pues, el análisis de esos elementos de la teoría de los campos que conducen a consecuencias indeseables para una concepción de la sociedad con sujetos autónomos y solidarios.

El primero de ellos consiste en que en su formulación más habitual, la noción de campo conduce a limitar el espacio teórico para pensar la construcción y el accionar de agentes sociales autónomos -sean individuales o colectivos-. El segundo -que pone el acento en la competencia y la lucha entre los miembros del campo para explicar su desarrollo-, inhibe pensar aspectos solidarios de sus relaciones. (Es posible que se originaran en el estructuralismo de los primeros años de la trayectoria de Bourdieu transfigurado luego en la estructura de los campos culturales.)

Para ejemplificarlos, tomemos el siguiente párrafo (Bourdieu 1983, p. 21), que admite interpretaciones inquietantes. (En el caso de autores tan complejos y de producción tan vasta como Bourdieu, mis análisis toman en cuenta interpretaciones posibles -y que además han sido efectivamente realizadas- sin pretender que sean las únicas ni las verdaderas. Por supuesto, existen páginas donde lo que aquí se cita se matiza hasta neutralizarlo, aunque en otras se posibilitan interpretaciones extremas.)

"El único modo de romper con la problemática tradicional -de la que Sartre queda prisionero- es enunciar el campo intelectual (el cual, por grande que sea su autonomía, esta determinado, en la estructura y en su función, por el lugar que ocupa en el campo del poder). Se debe constituir tal campo intelectual como un sistema predeterminado de posiciones, que exige clases de agentes provistos de cualidades determinadas (socialmente constituidas), tal como un mercado de trabajo exige puestos. Entonces la pregunta no será más: ¿De qué manera tal escritor ha llegado a ser lo que es?, sino: ¿Cuáles debían ser, desde el punto de vista del habitus socialmente constituido, las diversas categorías de artistas y escritores en una época dada y en una sociedad dada, para poder ocupar las posiciones pre-dispuestas para ellos por un estado del campo intelectual, y para poder adoptar, en consecuencia, las tomas de posición estéticas o ideológicas ligadas objetivamente a las posiciones ocupadas?"

Se nos dice, sin lugar a equívocos, que es la estructura del campo -y sólo ella- la que determina quiénes son aptos para ocupar los lugares que preestablece, así como la estética que emplearán en su labor, y su ideología. En este esquema no hay lugar para sujetos que intervengan en el campo modificándolo al tiempo que se modifican a sí mismos, ni que fabriquen en él un lugar antes inexistente, como lo hicieron los más talentosos de los artistas, desde Miguel Angel a Edgard Alan Poe. En una lectura extrema -que puede mitigarse hablando de "tensión" entre sujeto y estructura-, no hay sujeto propiamente dicho, ni individual ni colectivo. Únicamente estructura.

Todavía resuena en mis oídos la inolvidable interpretación que hiciera Alfredo Alcón del personaje de Edgard Alan Poe, en Israfet (Abelardo Castillo 1973), cuando grita, en medio del fracaso, del desprecio, del alcoholismo, "yo soy único, yo soy único". El hombre que creó el lugar de la literatura fantástica y del relato policial, el escritor original e inigualable, no tiene lugar en el esquema teórico de Bourdieu, quien no puede explicar a los sujetos únicos e irrepetibles. Cada uno de sus agentes sociales son figuras intercambiables en el juego de las fuerzas ciegas del campo.

El "campo intelectual", a semejanza del "campo" de la física determina la trayectoria de los individuos -sus partículas-, llevándolos hacia posiciones preestablecida. En él, el cambio y la evolución están dados por las luchas por la hegemonía entre sus distintas fracciones, con una autonomía desdibujada porque "... el campo intelectual... por grande que sea su autonomía, este determinado, en la estructura y en su función, por el lugar que ocupa en el campo del poder". (Bourdieu 1982, p. 22)

Como vemos, junto con la exclusión del sujeto activo, la concepción de Bourdieu resta autonomía a los campos culturales, subsumiendo sus conflictos específicos en la lucha de clases que se libra en otra estructura, la de la sociedad en su conjunto.

(Louis Althusser (1977, 1978 a) piensa que es propio de la dialéctica hegeliana hacer que no haya realmente más que una sola y única contradicción, y que las demás sean sólo reflejo suyo; mientras que en la dialéctica marxista se reconocería eficiencia propia a cada subsector de la estructura social, lo que eliminaría el teleologismo. En este sentido, la estructura que plantea Bourdieu contacta fuertemente con la dialéctica hegeliana. Agreguemos que la solución de Althusser con respecto a la cultura, cuando llama "relativa" a su autonomía, no es más satisfactoria que los desarrollos de Bourdieu, puesto que no indica en qué reside ni cómo la alcanza.)

Donde resulta más notoria esta falta de autonomía de los campos intelectuales -y de los individuos- con respecto a los intereses intelectuales, políticos y estéticos de las clases sociales es en la interpretación que hace Bourdieu de la vida y obra de Flaubert, y que opone a la que realizó Jean Paul Sartre (1975). (Flaubert es un tema recurrente en la obra de Bourdieu, al que dedica el ensayo que citamos, y un libro muy posterior, en el que sus posiciones no varían grandemente. En los términos de su teoría, podría tratarse de una jugada en la que se sitúa frente al gran "mandarín" de la cultura francesa -Sartre-, cuestionando su posición dominante en el campo, y ofreciéndose a reemplazarlo.)

Dice Bourdieu (1982, p. 22):

"En otras palabras, cuando se trata de explicar las propiedades específicas de una clase de obras, debe buscarse la relación objetiva entre la fracción de los intelectuales y artistas, en su conjunto, y las varias fracciones de la clase dominante: la información más importante nos la da la forma particular que asume esta relación".

Si leemos correctamente, las relaciones entre el campo intelectual y las fracciones de la clase dominante son las que explican las propiedades de las obras. Cuando Bourdieu explica la posición de Flaubert en el campo intelectual -de sus obras, en consecuencia- apela a un esquema teórico en el que los miembros del campo cultural se encuentran en una relación de subordinación con respecto a la clase dominante -siendo parte de esta-, llamándola fracción dominada de la clase dominante, que se define siempre a su respecto, sea para acompañarla -como los artistas burgueses- o para criticarla -como los artistas "sociales".

Bourdieu emplea ambos términos, dominado y dominante, para presentar con ellos una estructura que con sus variantes agote las distintas posiciones del campo. Así, siendo la dupla estructural "dominante-dominado", existiría una position DOMINANTE-dominado -en la que las mayúsculas mostrarían la preeminencia del sector dominante, propio de los artistas burgueses-, y otra position, de dominante-DOMINADO, que correspondería a los artistas "sociales", opuestos a los intereses de la burguesía.

Pese a cierto encanto brindado por la comprensión del funcionamiento íntimo de los fenómenos sociales cuando se les aplica un aceitado mecanismo estructural, no dejamos de advertir lo rústico de una estructura de apenas dos miembros antagónicos, y de un traslado automático de clases sociales sin matices al interior de los campos culturales.

En este esquema, la teoría estética de Flaubert, que propone un "arte por el arte", sin contaminación con lo social, no pasa de ser un intento de sentar las bases de su independencia ideológica con respecto a esos polos estéticos y políticos que representan la burguesía y el proletariado, aunque finalmente oscila de uno a otro según corran los vientos de la historia. Bourdieu nos dice que el teórico pequeño burgués que es Flaubert no tiene otra forma de actuar que como su clase de origen, que aunque intenta ser independiente, termina claudicando frente a la burguesía, o siguiendo al proletariado.

La afirmación fuerte que condensa estas caracterizaciones, es que las teorías del arte -como la de Flaubert- se encuentran determinadas por las posiciones de las clases sociales, y no por un desarrollo conceptual propio asentado en tradiciones de reflexión, negándoles toda independencia.

Pero es más que esto lo que nos dice Bourdieu. Afirma que los mismos contenidos del arte, aquello que el arte y los demás bienes culturales son por peso propio, son producto de las clases sociales y sus conflictos. En el caso que nos ocupa, que la obra de Flaubert se encuentra determinada por la lucha de clases -estrictamente, por el campo de fuerzas en el que se inserta.

Sin embargo, y sorprendentemente no lo fundamenta en el análisis de la obra artística de Flaubert, sino en el de sus escritos teóricos. Cuando se centra en las vacilaciones políticas del teórico Flaubert, pierde de vista que su novela Madame Bovary no es una muestra desinteresada del "arte por el arte", sino un conmovedor retrato de la condición femenina de su época que contradice su determinismo social.

Antes de que este ejemplo desautorizara las afirmaciones de una sociología de la cultura que reduce el contenido de la producción cultural a la lucha de clases, un autor clásico -Carlos Marx- nos previene que la posición política o ideológica de un autor no tiene correlato estricto en su obra, y que un monárquico declarado como Balzac puede producir el más despiadado retrato de la sociedad de su época.

La posición a la que Bourdieu (1976) pareciera adherir position podría ser llamada "sociología fuerte" de la cultura, por su similitud a la "sociología fuerte" de la ciencia de la escuela de Edimburgo. Recordemos que esta escuela deja de lado los contenidos cognitivos propios de la ciencia, para estudiar exclusivamente los matices sociales de su producción, suponiendo que los primeros son un simple subproducto suyo, tal como hace Bourdieu con respecto a la obra literaria de Flaubert.

La otra fuente de dificultades que encontramos en la teoría de los campos culturales de Bourdieu es el uso de términos económicos.

Comenta Néstor García Canclini (1990, p. 19), en una buena definición de los campos culturales y en una mejor ejemplificación del uso que hace Bourdieu de los términos propios de la economía para construir su teoría:

> "¿Qué es lo que constituye un campo? Dos elementos: la existencia de un capital común y la lucha por su apropiación. A lo largo de la historia, el campo científico o el artístico han acumulado un capital (de conocimiento, habilidades, creencias, etc.) respecto del cual actúan dos posiciones: la de quienes detentan el capital y la de quienes aspiran a poseerlo."

Agreguemos a estos elementos una serie coherente de conceptos desperdigados por toda la obra de Bourdieu, tales como los de capital simbólico, mercado simbólico, apuesta en la lucha por la hegemonía, inversión de tiempo y esfuerzo para apropiarse de capital simbólico, ganancias simbólicas, formación de precios de las formas simbólicas, etc. que refuerzan el símil económico al que nos referimos, mostrado en todo su esplendor en escritos secundarios como "El mercado lingüístico" (Bourdieu 1990, p. 143).

Aunque es legítimo el desarrollo científico mediante el traslado de estructuras epistémicas desde un campo del conocimiento al otro, existe asimismo el riesgo -sobre todo en ciencias sociales- de importar junto con los términos y estructuras, su ideología implícita o explícita.

En un autor como Bourdieu, de solida formación epistemológica, debemos aceptar que no juegan el papel de una simple metáfora, sino que tienen un sentido teórico fuerte, es decir, se transfiguran en los términos propios de la teoría de los campos culturales.

Resulta claro que Bourdieu presenta al mercado simbólico como un mercado más, sujeto a reglas que son comunes a todos ellos. Es asimismo claro que la respuesta a cuáles son estas reglas, y cuál debe ser la conducta de un agente social racional que aspira al éxito en el campo, apostando en el momento preciso, con el capital simbólico justo, para obtener la máxima ganancia simbólica, describe finalmente el comportamiento -aislado, solitario- de cada agente del campo cultural, determinado por su inserción en él. El mercado determina su valor, su accionar y la racionalidad de sus apuestas, como lo piensa la teoría económica.

Términos tales como "lucha por la hegemonía", introducido en los campos culturales para explicar su desarrollo por los conflictos por el poder que se desarrollan en su seno, tiende a coincidir con un cierto darwinismo social en el que triunfan los más "aptos", seleccionados por la lucha. Hay aquí escaso espacio teórico para la cooperación y el accionar comunes. Sólo existe competencia por los lugares en ese mercado estructurado que es el campo cultural. En este contexto, es indistinto que se hable de agentes individuales o de capa social, puesto que la estructura de las fuerzas del campo actúa de igual manera para uno o para muchos.

Estos dispositivos teóricos deben ser reelaborados a fin de que palabras tales como subjetividad, individuo, comunidad, solidaridad, no sean sólo postulados éticos -discursivos-, sino que hundan sus raíces en la acción de todos los días, inmersos en formas de producción cultural teóricamente fundamentadas, que sean solidarias, comunitarias, con individuos altamente diferenciados. De otra manera, son sólo un muestrario de buenas intenciones, sin posibilidades de pasar al plano de la realidad social.

De esta forma, extendemos al piano ético la epistemología de acciones interiorizadas y que vimos cuando mencionamos que los apréndices adquieren las habilidades, conocimientos, Gestalten y valores propios del campo de manera tácita, predominantemente no discursiva, en un entrenamiento cotidiano en el que la mostración, la ejercitación y la imitación crean el conjunto de disposiciones que los caracterizan. Cuando las adquieren a satisfacción de los maestros, pasan por ritos de iniciación -lo suficientemente poderosos como para crear adhesión- para ser admitidos finalmente en la comunidad cultural y ser reconocidos en adelante como sus miembros plenos.

En este sentido, quisiera insistir en los argumentos que abonan la presunción de que el arte lo produce un agente social colectivo, por sus implicancias a la hora de fundamentar la solidaridad entre sus miembros.

Los argumentos toman en cuenta que la construcción de este objeto colectivo -su "capital simbólico" en la terminología de Bourdieu- es imposible sin una acción esencialmente colectiva, mancomunada, de los artistas en pos de un objetivo común, que no excluye la competición. Si pensamos que el estilo es uno de esos objetos colectivos, las razones a favor de la solidaridad intrínseca a las interacciones que lo produce y lo recrea son las siguientes:

I. los miembros de la comunidad artística son educados en la tradición del oficio por otros miembros, que a su vez fueron discípulos de otros, en un proceso educativo para el cual es esencial una solidaridad elemental del maestro con los discípulos, y la de estos entre sí alrededor de valores aceptados por todos;

II. los estilos, patrimonio común de la comunidad artística, fueron elaborados colectivamente por generaciones pasadas;

III. el conjunto de los conocimientos y habilidades que caracterizan a un campo artístico se encuentra distribuido desigualmente entre los miembros de la comunidad; ninguno de ellos puede abarcarlos, ni conocer la totalidad de la producción artística, presente y pasada en que se manifiestan; ninguno es autosuficiente y necesita recurrir a los otros en algún momento de su labor creativa;

IV. todo lo que se produce, se lo hace en un dialogo permanente con el arte del presente y del pasado, y es tornado, modificado, aceptado o rechazado por los otros.

Estos argumentos abonan la presunción de que la organización del campo artístico exige la más amplia circulación de obras, ideas y personas, y un esfuerzo mancomunado para construirlo como un sitio de aprendizaje, comparación y discusión permanente -entendidas estas características como un elemental principio de democracia en el colectivo-.

No intentaremos ir más allá de esa constatación ni opondremos esta solidaridad inherente a una práctica comunitaria a ningún utilitarismo ético, ya que pudieran satisfacer simultáneamente intereses particulares.

Quisiera sí enfatizar que el mantenimiento del campo implica intensas interacciones entre sus miembros y que ésta es la clave sociológica para comprenderlo. No está fundado sólo en la lucha y en la competencia, sino también, inevitablemente, como todo lo humano, en la intensa sociabilidad que genera, necesariamente basada en normas de democracia y solidaridad, e imprescindible para que los artistas individuales tengan un marco sociológico en el que nacer como tales, y para que produzcan en el su obra distintiva, tan parecida y tan diferente a las otras de la tradición cultural a la que pertenecen.

A quienes creen ver en estas afirmaciones la postulación de comunidades idílicas que necesariamente son solidarias y democráticas, les respondo que no hay aquí ningún tipo de ingenuidad. Conocemos de las rivalidades, de las envidias, de los antagonismos, a menudo destructivas de la vida en común.

Sin embargo, reiteramos que sin esas interacciones básicas que se caracterizan por la solidaridad y el juego democrático de reconocimiento del otro como un igual, no hay docencia, no hay crítica racional, no hay, finalmente, desarrollo de los objetos culturales propios de cada comunidad -que es, en principio, del interés de cada uno de sus miembros-. Cualquier entorpecimiento de la libre y solidaria circulación del conocimiento, redunda en un entorpecimiento de la producción cultural. En este contexto, cabe afirmar ante las manifestaciones de antagonismos estilísticos (en cualquier colectivo social) que son asimismo parte del juego de reconocimiento, pues sólo se puede ser adversario de quien se reconoce entidad para serlo. Como afirma un viejo dicho, "lo que resiste, sostiene".

5.4. Las comunidades culturales y la encuesta de arte.

Lo expuesto tiene algunas consecuencias para las encuestas con las cuales la sociología explora las características del público de arte -y de los productos culturales en general-, pues permite visualizar en ellas elementos compatibles con una vision individualista -y no social- de la producción simbólica. De no advertirlas, inducen a descuidar aspectos esenciales del proceso social del arte, y a diseñar políticas culturales que nacen truncas desde el comienzo.

La moderna sociología del arte parte del supuesto de que no existe el espectador que se enfrenta directamente, sin mediaciones, con la obra de arte. Por lo contrario, sostiene que lo hace a través de filtros que la sociedad interpone entre ambos al construirlo como ser social, y lo justifica con encuestas que demuestran que el gusto por determinadas obras depende de la escolaridad y del origen social.

Hacemos notar que estas encuestas se estructuran de forma que en ellas se investiga la relación de cada uno de los encuestados con las obras de arte, el museo, etcétera, -su comportamiento individual-, de una manera que difiere escasamente de las destinadas a explorar las preferencias en otros campos, sean bienes de uso para su utilización en publicidad- o políticos.

Estaría implícito en su diseño que el mercado simbólico -el publico de la cultura- se encuentra conformado por individuos que tienen con él una relación solitaria, cuyo registro estadístico marca las tendencias generales de la capa estudiada.

Nuestra concepción del campo artístico y del publico de arte, como un subconjunto suyo de aficionados que asume su rol distintivo realizando en el seno de esas comunidades los intercambios sociales que los caracterizan, se opone frontalmente a la idea de que sus conductas sean independientes unas de otras y sigan patrones exclusivamente individuales. También se opone a concebir que los artistas y los intermediarios sean los únicos agentes sociales activos del campo, mientras que los espectadores serían pasivos receptores de las obras.

La insistencia de las encuestas y análisis de los públicos culturales a tomar en consideración el comportamiento individual frente al arte, posee como consecuencia indeseada que no se estudien esos procesos sociales a partir de los cuales se forma y se mantiene la capa social de los espectadores. Estos no pueden consistir únicamente en la sumatoria de actitudes individuales ante la obra de arte y de concurrencia solitaria a museos y galerías, pues son incomprensibles sin que existan interacciones que las fundamenten socialmente.

Nuestro punto de vista toma un punto de partida en el hecho casi trivial de que las capas sociales -la sociedad-, se constituyen únicamente si ese animal social, ese animal gregario que es el hombre, necesitado de contacto con los otros, interactúa con ellos no de cualquier manera, sino con las formas estructuradas propias de cada grupo de pertenencia.

Wittgenstein (1958) dice algo similar refiriéndose a los juegos del lenguaje. Aquí extendemos esta noción -que fragmenta ese gran juego imposible que es la totalidad del lenguaje-, a los diversos campos culturales y las interacciones que les son propias. Según nuestra concepción, cada juego de lenguaje –cada estilo- existe en la medida en que es jugado por una comunidad específica.

Es cierto que parte de esta interacción puede ser imaginaria, simbólica, derivada del hilo que une al espectador con un escenario o un aparato del que brota una voz o una imagen, como sucede con tantos gustadores distantes de una forma artística o cultural dada. Sin embargo, en última instancia la efectividad de ese contacto mínimo para que alguien sea considerado un miembro del colectivo que forman los aficionados a tal o cual música, a tal o cual intérprete, radica en que posibilita ciertas actividades sociales con otros miembros, cuando se encuentran y comparten experiencias.

Eric Berne (1977) sostuvo algo parecido cuando dijo que al primer acto de reconocimiento, que es decir hola, debe seguir una ceremonia, un juego entre quienes se han saludado, en el que se continúa este intercambio social. Los juegos consisten en guiones de diálogos, gestos, maniobras estandarizadas en las que cada uno de los participantes sabe el papel que les corresponde.

El más elemental de ellos es el comentario acerca del tiempo. Otros, más especializados, son acerca del trabajo. Pero otros -agregamos nosotros completando en otros aspectos lo expresado por Berne- son juegos que pertenecen a las esferas de lo cultural.

En el caso de los aficionados al arte visual, resulta evidente en qué consisten estas actividades. Se va a exposiciones y museos para encontrarse con otros miembros de esa comunidad, y jugar con ellos sus juegos favoritos, que consisten en preguntar por las exposiciones a las que se concurrió, o los libros de arte que se miraron; se comentan las obras, se dice si gustan o no; se expresan los motivos para que esto suceda; se recomiendan exposiciones, autores u obras. En transcurso de estos intercambios se reconocen mutuamente como pertenecientes al mismo colectivo, se juzga la posición que ocupan en él, la cuantía de capital simbólico acumulado, la propiedad y la solvencia con que se comenta.

Recordamos con Durkheim que las fiestas son eventos necesarios para fijar la pertenencia a los grupos sociales, para reafirmar los lazos que unen a sus miembros. Pues bien. Las exposiciones son las fiestas del arte. En ellas se reafirma la pertenencia al mundo social del arte, en encuentros con otros miembros de la comunidad. Se asiste a las fiestas del arte porque se logra en ellas la máxima de las distinciones, que es la de que de ser reconocidos como miembros de este grupo, especial para los que pertenecen a el, y porque se logra a su través que se distinga su posición en el campo.

La situación de un Robinson Crusoe que asiste solitario a una exposición y expresa individualmente su opinión a un encuestador pertenece al mundo de la ficción. Se es introducido al mundo del arte por otros, se va a él con otros, se habla de arte con otros, se hace arte con otros, y se lo muestra a otros.

Las obras de arte se observan, quedando impresas en el psiquismo, junto con el escenario -museos, galerías, etcétera- en el que se exhiben. Al observarse, al comentarse, se enriquecen o empobrecen con nuevas interpretaciones, se modifican.

Las obras, sus interpretaciones, sus recuerdos, sólo circulan en la comunidad del arte. Al circular, satisfacen las necesidades de contactos sociales de los humanos que intervienen en ellas, imprescindibles puesto que sin contactos sociales no hay amistad, no hay amor, no hay sexo, no hay trabajo, no hay comida. (Nuestra insatisfacción con llamar consumo a los intercambios que se suscitan en el interior de las comunidades culturales se debe a que estos aspectos que los fundamentan difícilmente queden capturados por este termino, de claro origen económico.)

En el campo cultural del arte, las distintas capas sociales juegan el juego del arte, cada una con su propio bagaje simbólico de aficionados más o menos avanzados.

Mutantis mutandis, interacciones del mismo genero se dan en los demás campos culturales y sociales, causando los mismos efectos sociales.

Son estos aspectos sociales, centrales para la comprensión de la estructura y funciones de los campos culturales, los que escapan comúnmente en las encuestas que estudian su público.

Aunque nacen debido a la necesidad de contar con investigaciones sociológicas que doten de racionalidad y eficacia a las políticas culturales, su diseño habitual no ayuda a esclarecer los mecanismos de las iniciaciones a la cultura, ni de los intercambios sociales en el seno de los campos culturales, a los que debieran estar conscientemente dirigidas.

Sin conocerlos, sin una intervención deliberada para establecerlos y consolidarlos, las políticas culturales pueden no distinguir entre las acciones efectivas y las inorgánicas. Entre las primeras, situamos a aquellas que tienden a generar nuevos adeptos a las distintas prácticas culturales y nuevos espacios para los intercambios sociales entre viejos y nuevos participantes. Entre las segundas, a los mega espectáculos aislados, a los grandes conciertos en espacios abiertos, etcétera, que los promueven en escasa medida.

Sabemos bien desde hace tiempo los que trabajamos en el campo de la cultura las dificultades para hacer que aumente el número de sus practicantes -sea como creadores o como aficionados-, en cada uno de sus casi infinitos subsectores, sospechando que en esto -en su numero y en su diversidad- se juega su desarrollo y su avance.

5.5. La distinción y la construcción del individuo.

Todos sabemos que para Bourdieu, la circulación amplia de los bienes culturales, en su juego democrático de igualar las oportunidades de acceso a ellos, contrariamente al supuesto efecto nivelador, homogeneizador de la sociedad que se le atribuye, marca y acentúa las diferencias entre las capas sociales, contribuyendo a estabilizar la estructura social tal como se presenta.

Sabemos que las formas culturales indican la pertenencia a las clases sociales, tan notoriamente como lo hacen la ropa, el automóvil, o la vivienda. O quizás más, puesto que nadie puede ser confundido con un miembro de otra clase social aunque lo simule, pues apenas habla o se mueve prácticamente en el mundo se lo sitúa sin equívocos en su grupo de pertenencia. Lo que se dice, la manera en que se dice, el comportamiento, se encuentran signados por la impronta de la cultura, y difieren radicalmente en cada clase social.

Aunque el fenómeno ha sido notado anteriormente -recordemos entre otros al "Pigmalión" de Bernard Shaw- tanto teóricos como artistas piensan que se revierte mediante el libre acceso a los bienes culturales. La nivelación cultural que procura la educación es uno de los grandes mitos, de las grandes Utopías que recorren el pensamiento progresista de algunos sectores de la burguesía, y de los teóricos socialistas.

Es indiscutible que existe una mayor apropiación de bienes culturales mediante la educación, y el libre acceso a los mismos. Pero también es cierto, y en esto insiste Bourdieu, que esta apropiación no es homogénea, no homogeneíza la sociedad. Es diferenciada y crea diferencias. La democratización del mercado simbólico no suprime las diferencias, ni iguala a las clases sociales: las reproduce, puesto que cada clase social toma aquello que le permite su capital simbólico previo, reafirmando su diferencia.

Ni la escuela común, ni los programas comunes de estudio, ni las universidades abiertas a todos, ni los museos a los que se tiene acceso sin discriminación, ni las ediciones económicas de libros, ni los conciertos populares rompen las brechas existentes entre las clases sociales. Tras su apariencia de crear igualdades, garantizan la persistencia de la estructura socio-económica, al crear diferencias culturales que cada capa social acepta como naturales y particularmente valiosas, fijando así su posición en la sociedad. Los sistemáticos estudios que Bourdieu realizó acerca de los mecanismos de distinción social, y del sistema educativo francés son un buen ejemplo de estos dispositivos simbólicos que al distinguir y diferenciar a las clases sociales, las mantiene en su lugar.

Sin embargo, pese a esta visión "pesimista" de la educación popular, como lo vemos más adelante, las políticas culturales y educativas correctas hacen que las más diversas capas sociales participen en sistemas simbólicos cuya existencia desconocían anteriormente, enriqueciéndose y desarrollándose al apropiárselos; con esa riqueza disputan el espacio cultural a las clases superiores, y ponen en entredicho su supremacía. Finalmente, no están tan equivocados quienes desde las posiciones de equidad social insisten, tozudamente, en la necesidad de poner a disposición de las capas más desfavorecidas de la sociedad toda la producción simbólica de la humanidad.

Aunque concordamos -con algunos reparos- con los puntos de vista que señalan la apropiación desigual de la cultura, no dejamos de señalar que quizás no se han sacado todas sus conclusiones, que llevan desde la diferenciación de las clases sociales a la construcción del individuo.

Tomamos como eslabón inicial de nuestra argumentación algunas de las reflexiones más profundas de Bourdieu, en las que arraigan las investigaciones acerca de la diferencia y la distinción. Toca en ellas unas cuerdas poco comunes en sus escritos acerca del hombre, su destino y el significado de la vida.

En unas líneas muy sentidas de su "Clase inaugural", Bourdieu (1990, p. 76) sostiene que las razones de la existencia humana sólo pueden ser otorgadas por la sociedad. Es el reconocimiento por parte de los otros del valor del sitio que se ocupa en los campos sociales -y que culminan en premios, medallas, condecoraciones- el que arrebata a los individuos de la insignificancia, del sin sentido de la vida, que termina inexorablemente en la muerte y en el olvido. Borges lo dice en un tono deliberadamente menor cuando pide que perdure de el un sólo verso, una sola línea, anónima, a través del tiempo.

> "Es la sociedad, y sólo ella, la que dispensa en diferentes grados, las justificaciones y las razones del existir; ella es la que produce los negocios o las posiciones que se consideran "importantes", ella produce los actos y los agentes que se juzgan "importantes" para sí mismos y para los demás, como personajes que han recibido una garantía objetiva y subjetiva de su valor y han sido así arrebatados a la indiferencia y a la insignificancia", nos dice. Y agrega: "Lo que se espera de Dios nunca se puede recibir más que de la sociedad, que es la única con el poder de consagrar, de arrebatar a la facilidad, a la contingencia, al absurdo; pero -y esto es quizás la antinomia fundamental- sólo lo hace de manera diferencial, distintiva: todo sagrado tiene su complemento profano, toda distinción produce su vulgaridad, y la competencia por la existencia social cono-

cida y reconocida que libera de la insignificancia es una lucha a muerte por la vida y la muerte simbólica. Dictar -decían los Kabiles- es resucitar. El juicio de los otros es el juicio final, la exclusión social es la forma concreta del infierno y la condenación. Porque el hombre es un Dios para el hombre, es el hombre un lobo para el hombre".

En estas razones encontramos los motivos de la constitución y persistencia de los campos y clases sociales, la trabazón de estas vastas comunidades. Distinguirse es, como vimos, formar parte de estructuras colectivas, y contribuir al juego que proponen, favoreciendo su estabilidad. Coincidimos con Bourdieu en que los miembros de cada campo social comparten la convicción de que lo que producen -y la manera en que lo hacen- es valioso; una creencia que, dado que se refiere a objetos distintos, difiere en los distintos campos sociales. Por estos motivos, la aceptación de sus sistemas de valores únicamente puede explicarse por una "ilusión compartida" entre sus miembros, y no por la existencia de normas absolutas.

Hasta este momento, la distinción se analiza en su faceta de constituir a las clases sociales, y a los mecanismos de cohesión grupal que hacen a su estabilidad, con la consiguiente permanencia de las estructuras sociales tal como ellas existen, mas no a su evolución o a su cambio. Lo llamaremos el aspecto "negativo" del problema,

Sin embargo, pensamos que puede contribuir también a explicar la construcción de la individualidad, otorgando a sus miembros un sello distintivo que vaya más allá de ser "el mejor de nosotros" con el que las comunidades distinguen a quienes portan sus saberes y valores. Si no lo hiciéramos, habríamos dado sólo los motivos de formación de grupos humanos tan primitivos como las pandillas de adolescentes, grupos homogéneos que rechazan a quienes se apartan de un rasero que iguala a todos, y honran sólo a quienes encarnan esos valores homogéneamente distribuidos.

La tesis que vamos a sostener es que el mismo mecanismo que conduce a la constitución de estas comunidades amplias homogeneizándolas al tiempo que las separa, lleva necesariamente a la construcción de las diferencias individuales y al cambio.

No puede ser de otra manera, si reflexionamos que no existen dos sujetos con la misma herencia biológica, la misma herencia cultural familiar, la misma experiencia escolar, la misma forma de encarar la actividad en los campos. Este capital cultural altamente diferenciado conduce, por el simple hecho de acceder a los mismos bienes culturales, a diferenciar a cada uno de los miembros del campo, a individuarlo.

Llamamos a este hecho, que no ha sido acentuado suficientemente por Bourdieu, el aspecto "positivo" de la apropiación diferenciada de los bienes culturales, pues en el esta implícito el cambio. Actúa también contribuyendo a construir las individualidades cuando los miembros de los distintos campos participan en otros colectivos, en los que se apropian asimismo diferencialmente de sus bienes específicos.

A fin de explicitarlos, nos referiremos brevemente al tipo de estructura social que surge de tomar seriamente y a fondo la noción de campo cultural y asimilarlo a campos productivos de diversa índole, sean de mercaderías o de bienes culturales.

Es claro que Bourdieu nos propone una sociedad formada por numerosos "campos", sean culturales, si su producto son bienes simbólicos, o sociales, integrado por clases, si pensamos en productos materiales de consumo. En ocasiones Ana del campo político y el económico. Hacemos notar que su concepción presenta dificultades a la hora de integrar las estructuras sociales de ambos circuitos productivos. Ya analizamos la solución -sumamente problemática, a nuestro parecer- con la que se que propone suturar la división entre las clases sociales y los campos culturales, y que consiste en que los conflictos entre las primeras determinan las posiciones en los segundos. También presenta inconvenientes su preferencia por el estudio de la producción y consumo culturales, que lleva a la conocida tesis de que así se logra la reproducción de las clases sociales, y de la estructura social en su conjunto -sin pensar en los mecanismos que llevan al cambio-.

Nuestro camino profundiza algunos de los aspectos de esta vision, poniendo el acento en cómo estos mecanismos llevan a acentuar la diferenciación individual, al tiempo en que, como mostraremos luego, al insistir en nuestro enfoque de la constitución de los campos por agentes sociales colectivos, intentamos resolver la tensión entre una estructura social formada por clases, y otra formada por campos, y sus mutuas relaciones. Algunos de los aspectos del cambio cultural -y en ocasiones social- se explican igualmente desde nuestra perspectiva.

Según nuestra concepción, en el seno de los campos culturales se producen -centralmente-, tanto objetos culturales como estructuras disposicionales (estilos), con las cuales los agentes sociales colectivos que las portan, y a los que llamamos "comunidades" o "colectivos", los construyen. Si seguimos las principales teorizaciones existentes en los campos artísticos y científicos, y pensamos que comunidad es aquella que comparte un estilo, tenemos que ir más allá de una sociedad escindida en campos culturales. Puesto que en este caso los campos culturales no pueden considerarse homogéneos, sino formados por diversas comunidades, tantas como estilos existan en ellos; y ya que estos se ramifican al especializarse, dan origen a subcomunidades que comparten algo con los miembros del tronco común, pero al mismo tiempo tienen formas de pensamiento propias, entonces la sociedad se encuentra formada por vastos mosaicos de grupos humanos -cohesionados alrededor de su propio estilo de pensamiento- en parte subgrupos de otros, en parte superponiéndose con otros.

Esta intrincada red de estructuras sociales definidas por los estilos supone a su vez sujetos que participan, necesariamente, de más de una comunidad. No sólo por los motivos expuestos de arborización y superposición de estilos, sino porque los agentes sociales que conocemos no pueden ser "hombres unidimensionales", como los descritos por Bourdieu, quien presenta una subjetividad poblada con los "habitus" de la infancia, la escolaridad, y de un único campo de pertenencia. Si lo que exponemos es correcto, en su transcurrir por las distintas comunidades sociales, cada agente social participa de más de una de ellas, incluso antagónicas o divergentes. Es escultor, escritor o científico, y al mismo tiempo, miembro de la iglesia pentecostal, socio de un club deportivo, aficionado a la jardinería, directivo de una entidad gremial, etc.

No significa esto que todas las estructuras de pensamiento posean igual peso, ni que los sentimientos de pertenencia a las distintas comunidades sean de igual importancia para los individuos que las integran y que portan sus estructuras estilísticas. Algunas de ellas son predominantes a la hora de construir sus identidades. Sólo quienes carecen de raíces discurren con idéntico interés -o indiferencia- por los distintos espacios sociales. Sin embargo, esas identidades predominantes cambian con el paso del tiempo individual o histórico. Los tiempos en que el trabajo forja la identidad de los sujetos caduca -parcialmente- junto con fin del trabajo estable, en el mismo medio: desocupados, trabajadores freelance, mantienen más interacciones, y por lo tanto una mayor pertenencia, en el interior de espacios culturales o deportivos que en un trabajo desaparecido o distante. La mujer, en ocasiones se ve forzada a relegar la pertenencia al trabajo -al que accede muy recientemente en la historia-, por la ancestral pertenencia a la comunidad familiar.

Pese a lo expuesto, todavía el trabajo es el espacio social al que el individuo dedica el mayor tiempo, y donde las relaciones, por consiguientes, son más intensas y duraderas. Esto hace que incluso en este mundo fraccionado y contradictorio, las distintas capas sociales nucleadas alrededor de la producción de bienes, constituyan comunidades con estructuras de pensamiento conceptual y simbólico peculiares, así como Gestalten propias acerca de la vida en sociedad y el mundo, que las identifican como tales.

Los miembros de las capas sociales delimitadas por el trabajo portan sus bienes simbólicos específicos a los distintos colectivos por los que circulan, apropiándoselos de manera diferenciada, como lo señala Bourdieu. Al hacerlo, construyen su identidad, su gusto. Al mismo tiempo, producen -cuando devienen semiprofesionales o directamente profesionales en los colectivos culturales que frecuentan-, bienes simbólicos que se tiñen con las estructuras de su pertenencia más fuerte, haciéndolos reconocibles en este aspecto. No otra cosa significa la distinta utilización de las artes que hacen los grupos sociales, no únicamente como gustadores, sino como artistas (Bourdieu 1979). Este proceso no obedece a leyes deterministas. En ocasiones, la adopción de las estructuras circulantes en los colectivos culturales es tan intensa, que excluye las que provienen de los sistemas económicos, y la identidad del trabajo es reemplazada por la del sistema cultural.

Alain Touraine (1997) señala el fenómeno de la escasa pertenencia que generan algunos espacios del mundo contemporáneo, sin explicarlo por la diferente densidad de relaciones sociales que hace la fuerza de las pertenencias. Sólo así se comprende que las comunidades que surgen de la cultura-mundo (McDonald's, aeropuertos, ropas de marca, TV por cable) -con escasas interacciones entre sus miembros- contribuyan muy poco a modificar sus conductas generales, y que los sentimientos de pertenencia de los individuos a las mismas sean bajos.

Encontramos en la sociedad -en oposición a la teoría del pensamiento único- la coexistencia simultánea de múltiples estructuras estilísticas -cognoscitivas, simbólicas, afectivas- que caracterizan a los diferentes colectivos sociales, con sus correspondientes estructuras perceptivas -Gestalten-, y sus habilidades prácticas características.

Pensamientos, habilidades y Gestalten que únicamente pueden formarse por la pertenencia a las comunidades respectivas, conformando una sociedad heterogénea, múltiple, contradictoria.

Quizás no sea tan obvio que a esta sociedad corresponde una subjetividad asimismo heterogénea, múltiple y contradictoria, en todos sus planos: cognitivos, simbólicos, afectivos, perceptivos y prácticos, dada por la múltiple pertenencia de sus miembros a los distintos colectivos sociales.

Algo semejante decía García Canclini (1994) cuando hace notar que los indígenas confeccionan artesanías en su pueblo, y las venden en Nueva York, comunicándose con su marchand por telefonía celular; participan de recitales de rock y de los festivales del santo de su región, sin dejar de moverse con propiedad en cada uno de estos encontrados espacios culturales. Nos alejamos de este autor cuando pensamos que la identidad de los sujetos sociales -su pertenencia- se construye en la interacción social, y no en el consumo, como tiende a pensar (García Canclini 1995).

Vamos más allá. Decimos que la esencia del ser humano es esta superposición de múltiples espacios culturales, diversos y en muchas ocasiones contradictorios, como una consecuencia natural de la vida en sociedad -más notoria en nuestros tiempos-, en los cuales la diversidad coexiste en el mismo espacio, acercados los agentes sociales por las actuales formas de comunicación.

Es posible admitir esta múltiple pertenencia luego de la transformación teorica sufrida por el concepto de "publico de arte", cuando pasa de su homogeneidad de clase social, a su heterogeneidad de públicos específicos para cada forma diferenciada de arte, y cada forma cultural, y que permite identificarlo con la categoría de "aficionados" en cada una de ellas. Y fundamentalmente, a pensar que no son exteriores a los sistemas sociales que producen las formas culturales, si bien poseen -como aficionados- en menor grado que los productores profesionales, y que los intermediarios, los conocimientos y habilidades propios de cada estilo.

En nuestra concepción de los sistemas de producción cultural, el problema de la relación que sostienen con las clases sociales se relativiza, puesto que las distintas clases sociales se encuentran ya presentes en interior de cada campo cultural, fundamentalmente en su publico especifico, puesto que se encuentra constituido por miembros de las distintas clases que son aficionados a su actividad y a sus productos.

Es allí, en el interior de los campos donde los estilos propios de cada clase social contribuyen a los estilos culturales, modificándolo más o menos según el grado de autoridad que posean sus miembros, ya sea por el compromiso que adquieran con él -por ser aficionados duros cuyos conocimientos se aproximan a los que poseen los expertos- o por el poder economico o politico que representan.

Curiosamente, no pensamos que la fragmentation del público según las capas sociales a las que pertenezcan, se repita con la misma fuerza en el estrato de los productores culturales.

Para comprenderlo, debemos considerar primeramente que los miembros del público realizan -al menos- una doble actividad. Una en el campo cultural, otra en el campo de la producción de bienes de uso, o de servicios. Concurren a los actos culturales como los burgueses, clase medieros, obreros o campesinos que son. Si hay doble pertenencia, gravita en ellos con más fuerza la segunda, la social general. En cambio, en los productores, su actividad principal es la que tienen en el campo cultural, y son, por lo tanto, artistas, científicos, etc. en pleno derecho. La sociología rústica que les atribuye pertenencia a la clase social de nacimiento, ignora el peso que tienen las decisiones adultas, y las disposiciones de distinta índole que surgen de las actividades productivas culturales a las que dedican su vida. Son primeramente artistas, y luego, quizás, burgueses o lo que sea.

Por supuesto, esto aleja de nuestra concepción la idea de que la cultura sea influida o determinada por fuerzas que le son ajenas, en una nueva versión de la teoría conspirativa de la historia: la burguesía, el imperialismo, el poder, el estado, la burocracia, la iglesia, y obliga a buscar las mediaciones y mecanismos por los cuales esto sucede, más allá de remitirse a la fuerza o el dinero para lograrlo.

Además, *pace* Bourdieu, el acceso a la educación -incluso universitaria- de las grandes mayorías, la apertura en el acceso a las formas de la "alta cultura" que acompaña a la democratización de las sociedades, y el ascenso social de sectores de las clases populares, hace que sus miembros pertenezcan -como profesionales o aficionados- a los colectivos culturales.

Como una consecuencia de esto, hoy más que nunca en la historia, es posible percibir que las clases sociales son atravesadas -y escindidas- por su pertenencia al mundo de la cultura, denominación bajo la que incluimos asimismo a las comunidades deportivas, políticas, lingüísticas, etcétera.

La afición al arte y a otras formas culturales marca un corte vertical en las clases sociales, demarcando a sus públicos específicos. Una imagen vívida de este fenómeno lo muestra el publico del Teatro Colon de Buenos Aires, estratificado entre las clases altas que se sitúan en la platea y los palcos, las clases medias en tertulia y cazuela, mientras que más arriba se encuentran jóvenes, jubilados, y otros miembros de las clases populares, que sostienen, como duros aficionados que son, que es allí donde mejor se escucha la música.

Siendo esto así, las clases sociales se encontrarían segmentadas por su pertenencia a los campos culturales tan nítidamente como por las posesiones materiales y su situación en el aparato productivo, fragmentándose la unidad cultural que plantea Bourdieu.

En cada uno de los campos culturales, los individuos adquieren -en mayor o menor grado, como profesionales o simples aficionados-, los estilos correspondientes.

Este es su patrimonio cultural especifico, lo que lo define como un ser humano único, el único que posee su herencia biológica y cultural y el único que recorre con ellas ese periplo único por esas comunidades humanas, en las que se apropia desigualmente los múltiples estilos que las pueblan. Amuebla su subjetividad con mezclas desparejas, heterogéneas, contradictorias, de fracciones de estilos -más fragmentarias aun en aquellos en los que interviene como aficionado, con distintos grados de compromiso-.

El cambio en el seno de los sistemas sociales culturales se debe, entonces, al aporte que hace ese sujeto único, cuando incorporar al proceso de construcción de los estilos y objetos que les son propios, lo que trae como experiencia de los otros campos.

Su distinción se basa en su desigual participación en esos procesos, sea como creador propiamente dicho, como intermediario, o como aficionado, y centralmente, por la manera en que sus estructuras peculiares quedan plasmadas en las obras de cada uno de las comunidades en las que interviene. Esto hace que sea el trabajo productivo -en los sistemas culturales, o en la producción de bienes y servicios-, el que proporciona una distinción que no puede ser igualada por la pertenencia a la categoría más simple de aficionado, -que es en ocasiones un simple pretexto para continuar la sociabilidad después de decir "hola"-, o por el consumo de bienes materiales.

Una concepción de los campos culturales como el que pensamos, pese a la importancia que le asignamos a los agentes y las creaciones colectivas no puede permitirse prescindir de ninguno de sus miembros, de ninguna de sus individualidades, pues en ellos, en su diferencia simbólica, se encuentran las partículas que llevan a lo nuevo y al cambio, de la misma manera que la evolución biológica de las especies -su variabilidad y su adaptabilidad- se debe a la diversidad genética de sus miembros.

Como en las especies biológicas, en esas especies culturales que son los estilos, la permanencia, la evolución, el cambio, están dados por la distribución desigual de su patrimonio simbólico, la necesaria interacción cultural entre sus miembros, y su pertenencia a otras comunidades sociales.

Pensamos que un campo es tanto más rico cuanto más poblado se encuentra, y cuando mayor variedad cultural -equivalente a la variedad genética en la herencia biológica- existe entre sus miembros. Desde esta perspectiva, no hay hombres imprescindibles, pero tampoco los hay que sobren. Todos son necesarios para la lenta construcción común de los bienes culturales y de las comunidades sociales que los producen, que es al mismo tiempo la construcción de la sociedad en su conjunto.

Un argumento similar permite comprender el rol de la diversidad cultural en las sociedades como motor de su desarrollo y cambio, puesto que la innovación, la creación, requieren la mutua fertilización entre los más diversos estilos, y por ende de la existencia de ese mosaico complejo, fragmentado y contradictorio de colectivos sociales que los estilos acotan.

No hay nada erróneo o perverso en la creación y mantenimiento de la diversidad social, sino en los mecanismos que llevan a la exclusión o la discriminación de ciertos estilos, sean de clases sociales, de grupos minoritarios, o de comunidades culturales.

Queda para otro ensayo el análisis de cómo las comunidades culturales y también las económicas y políticas se intersectan, se influyen mutuamente, y llevan a las sociedades más allá de donde se encuentran, para explicar no sólo el cambio simbólico, sino el que sucede en esos escenarios comunes que son los grandes modos en los que las sociedades producen, distribuyen y apropian del conjunto de la producción social, sea de bienes culturales o de uso.

O las luchas estilísticas entre las grandes producciones simbólicas dominantes, y las de comunidades más acotados, que en este escrito presentamos en los aspectos -menos estudiados- de resistencia al predominio, sea insistiendo en su permanencia basada en la fortaleza de las propias tradiciones y en la sociabilidad que implican, sea mencionando la resignificación a la que someten a los estilos hegemónicos.

6. Epílogo.

En este apartado sintetizaremos las condiciones de posibilidad del arte -y probablemente de toda otra manifestación cultural-, tanto en sus aspectos psicológicos como sociales.

Enumeraremos primeramente las condiciones psicológicas que pertenecen a un sujeto epistémico cualquiera y que son la base a partir de las cuales accede al mundo de la cultura. Un sujeto que posee la capacidad de interiorizar estructuradamente acciones y que las emplea adecuándolas a las circunstancias, en cada nuevo intercambio, formando de esta manera estructuras de distinta índole, entre las que podríamos mencionar:

I. estructuras lógico-matemáticas, que en el arte y la cultura constituyen el armazón formal con el que se organizan los elementos presentes en la obra;

II. estructuras cognoscitivas, que permiten conocer el moblaje del mundo.

III. estructuras perceptivas, configurando las Gestalten con las que se capta el mundo;

IV. estructuras simbólicas que afloran en las imágenes y permiten jugar libremente a la imaginación, articulándose finalmente en relatos míticos;

V. estructuras afectivas, que dan su carga emotiva al arte y la cultura, y que se encuentran íntimamente ligadas a los relatos míticos.

En *La estructura psicosocial del arte* comentamos que estas estructuras son las que -de acuerdo a la mayoría de los teóricos y analistas del arte- se encuentran presentes en la obra de arte, y por lo tanto, existen en el psiquismo de los sujetos epistémicos que lo producen. Es natural, por lo tanto, que ahora extendamos su pertinencia a cualquier forma cultural.

Posteriormente, incorporamos al cuerpo teórico la noción de estilo, que en un principio se toma como el lenguaje propio del arte. No se lo concibe simplemente como la estructura formal que describe Wölfflin, sino como un complejo estructural que modula con su especificidad cada una de las estructuras anteriores. Es lo que poseen comunidades las culturales específicas, persistiendo en el tiempo a través de las sucesivas generaciones, que las desarrollan, y con ellas a las obras propias de cada estilo.

Este complejo estructural está integrado por elementos que resultan del enriquecimiento estilístico de las que se plantearon en *La estructura psicosocial del arte*. Son los siguientes:

I. estructuras formales especificas de los estilos que incluyen a las reglas compositivas, los equilibrios formales, etcétera;

II. estructuras cognoscitivas;

III. estructuras simbolicas, estructurantes de relatos miticos, acompañadas de tradiciones de interpretation propias;

IV. estructuras perceptuales -Gestalten- complejas, estructuradas por los estilos;

V. estructuras afectivas, que acompañan a la interiorización de experiencias sociales, y que afloran en su percepción a través del arte -como podría ser el tema del Holocausto, de los desaparecidos, etcétera-. Se encuentran estrechamente relacionadas a las estructuras simbólicas y a los relatos miticos.

VI. estructuras prácticas, de manipulación de los materiales propios de cada forma cultural, y que constituyen tradiciones técnicas definidas;

Estas estructuras psicológicas que son los estilos, estructuran la acción, la percepción, el simbolismo, la afectividad, el conocimiento, e implican a su vez unas condiciones de posibilidad social, un cierto tipo de sistemas sociales a los que pertenecen los sujetos epistémicos. La comprensión de su estructura comienza con la noción de comunidad científica como agente social colectivo -proveniente de la filosofía de la ciencia-, y de pensar en una estructura de productores, intermediarios y aficionados -todas ellas instancias colectivas- para el arte, y luego para toda otra forma cultural, y de sus consecuencias para la estructura global de la sociedad, y del psiquismo de sus agentes sociales.

Las condiciones sociales de posibilidad de la cultura son, entonces, las siguientes:

I. sistemas productivos de formas culturales -arte, ciencia, deporte, religión, etcétera-, conformados por agentes sociales colectivos de productores, intermediarios y aficionados, que poseen de manera desigual las estructuras estilísticas que los caracterizan;

II. sistemas productivos de bienes de consumo cuyos agentes sociales son las distintas clases sociales;

III. ambos tipos de sistemas se subdividen según las distintas formas y corrientes culturales los primeros, y según los objetos producidos, los segundos;

IV. los sistemas sociales pueden superponerse parcialmente, ser subconjuntos unos de otros, o simplemente encontrarse alejados;

V. los individuos pertenecen a más de un sistema social, sea cultural, económico o político, poseyendo de manera diferenciada sus estructuras estilísticas;

VI. la diversidad social, y la heterogeneidad individual conducen a la evolución de las formas culturales.

No es el momento de discutir las funciones de la cultura en las sociedades. Aunque barruntamos que consiste en crear la máxima diversidad simbólica, haciendo que pasen de estados de menor a mayor complejidad, y que esta es -una vez más- condición para su desarrollo y avance, pero también para que se llegue a mayores estados de democracia y solidaridad, valores con los que estamos profundamente comprometidos.

Esa capacidad del arte de fabricar signos y símbolos encarnados en objetos -y sólo eso- quizás sea una de las características esenciales de todas las estructuras productivas culturales. Lo que queremos decir es que mientras que en los objetos de los demás sistemas productivos, dedicados a la fabricación de bienes de uso, aparecen significados accesorios que distinguen a los distintos estratos sociales -como sucede con la vestimenta, los vehículos de transporte, etcétera-, las comunidades culturales están específicamente dedicadas a la producción de estructuras simbólicas, que ofrecen al resto de la sociedad para que las utilicen.

No se trata únicamente de que se crea un nuevo vocabulario, sino del enriquecimiento del juego metafórico, que dote de nuevos sentidos a las palabras ya conocidas, renovándolas en su uso; de los mundos imaginarios que nos proponen, que muestran aspectos nuevos de este en el que vivimos, así como el camino de las Utopías que lo cambien. Cuando nos miramos en el espejo del arte, vemos a su través rostros que no esperábamos, aspectos que nos eran desconocidos, aspectos del pasado y del porvenir.

Si aceptamos que de la riqueza simbólica y estructural depende la profundidad y extensión del pensamiento, es indudable que para que la democracia arraigue en nuestras sociedades, es esencial que la producción cultural llegue a todas las capas sociales, para que todos sus miembros participen con similar competencia sígnica y simbólica en las decisiones que atañen a su vida pública y privada.

De ello depende, asimismo, que las distintas capas sociales puedan ofrecer otras visiones acerca de la marcha global de la sociedad y de su estructura socioeconómica y política que sean opuestas a las hegemónicas, así como los relatos míticos y la compleja simbología que las haga arraigar en las grandes mayorías, para hacerlas posibles.

El largo periplo teórico que comienza con las primeras intuiciones teóricas, en las que se establece ciertas condiciones de posibilidad para el arte, y que conduce por un desarrollo natural al mundo de la cultura con sus lenguajes específicos, y su peculiar estructura social, no habrá sido en vano si además de presentar consistencia interna, y adecuación -parcial- al mundo de la realidad, indica condiciones de posibilidad desde las cuales pensar acciones destinadas a que el moblaje del mundo exhiba estructuras sociales e individuales cada vez más ricas, tolerantes, democráticas y solidarias.

7. Bibliografía

Althusser, Louis (1976) Critica de la ideología y el estado, Cuervo, Buenos Aires.
(1977) La revolución teórica de Marx, Siglo XXI, México.
(1978 a) Para leer "El capital", Siglo XXI, México.
(1978 b) "Sobre el concepto de ideología", en Polémica sobre marxismo y humanismo, Siglo XXI, México.
Arheim, Rudolf (1967) Arte y percepción visual, EUDEBA, Buenos Aires.
(1985) El pensamiento visual, EUDEBA, Bs. As.
Ayer, A.J. (1971) Lenguaje, verdad y lógica, Martínez Roca, Barcelona.
Bachelard, Gastón Psicoanálisis del fuego, Alianza, Madrid.
(1975) Poética del espacio, FCE, México.
(1978) El agua y los sueños, FCE, México.
Barthes, Roland (1978) El grado cero de la escritura, Siglo XXI, México.
El placer del texto, Siglo XXI, México.
Mythologies, Siglo XXI, México.
Berkeley, George Ensayo de una nueva teoría de la vision, Aguilar, Buenos Aires.
Berne, Eric (1977) Análisis transaccional en la psicoterapia, Siglos, México. Bourdieu, Pierre (1971) "Elementos de la teoría sociológica de la percepción artística", en Sociología del Arte, Nueva Imagen, Buenos Aires.
(1976) "Le champ scientific", en: Actes de la recherche en sciences sociales, No. 1-2.
(1979) La fotografía. Un arte intermedio, México, Nueva Imagen.
(1983) "Campo del poder, campo intelectual y habitus de clase", en. Campo del poder y campo intelectual, Folios Ediciones, Buenos Aires.
(1988) La distinction, Taurus, Madrid.
Sociología y cultura, Grijalbo, México.
El sentido práctico, Taurus, Madrid.
(1995) Las reglas del arte, Anagrama, Barcelona. Breton, Andre (1973) Antología, Siglo XXI, México.
Buci-Glucksman, Christinne (1979) Gramsci y el estado, Siglo XXI, México.
Cinotti, Mia (1968) Arte de la Edad Media, Hermes, Barcelona.
(1968) Arte del mundo antiguo, Teide, Barcelona.
Copleston, F. (1974) Historia de la filosofía (8 vols.), Ariel, Barcelona.

Croce, Benedetto (1973) Estética, Nueva Visión, Buenos Aires.
Crombie, A.C. (1974) Historia de la ciencia de San Agustín a Galileo, Alianza, Madrid.
Charbonneaux, Martin y Villard (1970) Grecia clásica, Aguilar, Madrid.
Demargue, Pierre (1974) Nacimiento del arte griego, Aguilar, Madrid.
Dorfles, Gillo (1969) Nuevos ritos, nuevos mitos, Lumen, Barcelona.
Las oscilaciones del gusto, Lumen, Barcelona.
Símbolo, comunicación y consumo, Lumen, Barcelona.
Eco, Humberto (1978) Tratado de semiótica general, Nueva Imagen-Lumen, México.
(1984) "Sobre los símbolos", en: Revista de estética, No. 3, Cayc, Bs.As., pp.5-33.
Escobar, Ticio (1986) El mito del arte y el mito del pueblo, El Grafico, Asunción.
Eysenck, H. J. (1961) Psychoanalysis; mith or science?, University Press Inquiry, Oslo.
Fischer, Ernst (1995) La necesidad del arte, Planeta, Bs. As.
Flavell, John (1976) La psicología evolutiva de J. Piaget, Piados, Buenos Aires.
Fleck, Ludwik (1986) "Problems of the philosophy of science", en. Cohen, Robert y Schnelle, Thomas, Cognition and fact, D. Reidel Publishing Company, Dordrecht.
Freud, Sigmund (1948) Obras Completas, Biblioteca Nueva, Madrid.
García Canclini, Néstor (1979) La producción simbólica, Siglo XXI, México.
(1982) Las culturas populares en el capitalismo, Nueva Imagen, México.
(1990) "Introducción. La sociología de la cultura de Pierre Bourdieu", en: Sociología y Cultura, Grijalbo, México.
El consumo cultural en México, Dirección de Publicaciones, México.
Cultures hybrids, Grijalbo, Mexico.
Consumidores y ciudadanos, Grijalbo, México.
García Canclini, N., Gullco, J., Módena, M.A. (1991) Públicos de arte y política cultural, UAM-1, México.
Givaja, Regina (1964) El público de arte, EUDEBA, Bs. As.
Gramsci, Antonio (1975) El materialismo histórico y la filosofía de B. Croce, Juan Pablos, México.
Goldman, Lucien (1975) Para una sociología de la novela, Ayuso, Madrid.
Gombrich, E.H. 1984) Norma y forma, Alianza Forma, Madrid.
Hadjinicolaou, Nicos (1978) Historia del arte y lucha de clases, Siglo XXI, México.
(1981) La producción artística frente a sus significados, Siglo XXI, México.
Hauser, Arnold (1972 a) Pintura y manierismo, Guadarrama, Madrid.
(1972 b) El manierismo, crisis del Renacimiento, Guadarrama, Madrid.
Teorías del arte, Guadarrama, Barcelona.
Sociología del arte, Guadarrama, Barcelona. Cuatro volúmenes.
Historia social de la literatura y del arte, Guadarrama, Madrid.

Hegel, W. F. (1977) De lo bello y sus formas (estética), Espasa-Calpe, Madrid.
Hume, David (1974) Tratado de la naturaleza humana, Paidos, Bs.As.
Jitrik, Noé (1978) Las contradicciones del modernismo, El Colegio de México, México.
Jung, C.G. (1974) Arquetipos e inconsciente, Paidos, Buenos Aires.
(1977) Símbolos de transformación, Paidos, Buenos Aires. Kandinsky, W. Punto y línea sobre el plano, Barral, Barcelona. Kant, Emmanuel (1978) Crítica de la razón pura, Losada, Buenos Aires.
(1977) Crítica del juicio, Espasa Calpe, Madrid.
Kleiman, Jorge (1975) Comunicación personal.
Kohler, W., Koffka, L. Sander, F. (1973) Psicología de la forma, Paidos, Bs.As.
Koyre, Alexandre (1978) Estudios de historia del pensamiento científico, Siglo XXI, México.
Kuhn, Thomas (1974) La estructura de las revoluciones científicas, FCE, México.
(1976) "Theory-Change as Structure-Change: Comments on the Sneed's Formalism", en: Erkenntnis 10 pp. 179-199.
(1982) La tensión esencial, F.C.E., México.
Lacan, Jacques (1979) Escritos, Siglo XXI, México.
Lakatos, Imre (1975) "La historia de la ciencia y sus reconstrucciones racionales", en. I. Lakatos, A. Musgrave (eds.) Crítica y conocimiento, Grijalbo, Barcelona.
Leiris, Michel y Delange J. (1967) Africa Negra, Aguilar, Madrid.
Levi-Strauss, Claude (1968) Arte, lenguaje, etnología, Siglo XXI, México. (1974) Lo crudo y lo cocido, FCE, México. (1979) Antropología estructural, Siglo XXI, México. Lombardi, Satriani (1978) Apropiación y destrucción de la cultura de las clases subalternas, Nueva Imagen, México.
Lorenzano, Cesar (1982 a) La estructura psicosocial del arte, Siglo XXI, México (1982 b) "Historia del arte, historia de la ciencia", en. Coloquio Internacional de Teoría del Arte, Puebla, México.
(1983) "La revolución y los elementos. Murales de Vlady", en. Salón Nacional de Artes Plásticas, Sección de Crítica de Arte, Instituto Nacional de Bellas Artes, México. Primer Premio Salón Crítica de Arte.
Los Cuadernos de Vlady, Universidad Nacional Autónoma de México,
"Pintar es pintar bien", en. Vlady, Exposición Metodológica, Museo del Palacio Nacional de Bellas Artes, México.
Lukács, George (1969) Historia y conciencia de clase, Grijalbo, México.
Marx, Karl (1977) Introducción general a la crítica de la economía política, Cuadernos de Pasado y Presente num. 1, México.
(1978 a) "Tesis sobre Feuerbach", en La ideología alemana, Ediciones de Cultura Popular, México.

(1978 b) Elementos fundamentales para la crítica de la economía política (Grundrisse) 1857-1858, Siglo XXI, México.
(1979) El capital, Siglo XXI, México.
Marx, Karl y Engels, Friedrich (1978) La ideología alemana, Ediciones de Cultura Popular, México.
Moholy, Nagy L. (1975) La pintura del Siglo XX, Salvat, España.
Mondolfo, Rodolfo (1969) Marx y marxismo, FCE, México.
Mordo, Carlos (1997) Artesanía, cultura y desarrollo, Plan de Fomento de las Artesanías de las Comunidades Indígenas en Argentina, Bs. As.
Moulin, Raymond (ed.) (1986) Sociologie de l'art, Documentation Francaise, Paris.
Moulines, C. Ulises (1982) Exploraciones metacientífica, Alianza Universidad, Madrid.
Musso, J. R. (1970) Problemas y mitos metodológicos de la psicología y la psicoterapia, Psique, Buenos Aires.
Nicolaides, Kimon (1969) The natural way to draw, Houghton Mifflin Company, Boston.
Olea Figueroa, Oscar (1977) Configuración de un modelo axiológico para una crítica de arte, UNAM, México.
Ortiz, Renato (1996) Otro territorio. Ensayos sobre el mundo contemporáneo, UN de Quilmes, Bs. As.
Panovsky, Erwin (1980 a) El significado en las artes visuales, Alianza Forma, Madrid.
(1980 b) Estudios sobre iconología, Alianza, Madrid.
Pérez Tamayo, R., Florescano E. (coord.) (1995) Sociedad, ciencia y cultura, Cal y Arena, México.
Piaget, Jean (1969) Psicología de la inteligencia, Psique, Buenos Aires.
(1970 a) Lógica y conocimiento científico, Proteo, Buenos Aires.
(1970 b) Naturaleza y métodos de la epistemología, Proteo, Buenos Aires.
(19713) El criterio moral en el niño, Fontanella, Barcelona.
(1971 b) Psicología y epistemología, Ariel, Barcelona.
(1975) Introducción a la epistemología genética, Paidos, Buenos Aires.
(1976 a) Problemas de la psicología genética, Ariel, Barcelona.
(1976 b) La construcción de lo real en el niño, Nueva Vision, Buenos Aires.
(1977 a) Lógica y epistemología, Solpin, Buenos Aires.
(1977 b) La formación del símbolo en el niño, FCE, México.
(1982) El nacimiento de la inteligencia en el niño, Aguilar, Madrid.
Piaget, Jean, Inhelder, B. (1974) De la lógica del niño a la lógica del adolescente, Paidos, Bs. As.
Pichter, George (ed.) (1966) Wittgenstein, Anchor Books, Nueva York.

Popper, Karl (1971) Conocimiento objetivo, Tecnos, Madrid.
(1973) La lógica de la investigación científica, Tecnos, Madrid.
Prieto, Luis (1977) Estudios de lingüística y semiología, Nueva Imagen, México.
Read, Herbert (1960) Historie de la peinture moderne, Somogy, Paris.
(1960) Filosofía del arte moderno, Peuser, Buenos Aires.
Imagen e idea, FCE, México.
Arte y alienación, Proyección, Buenos Aires.
Reszler, André (1974) La estética anarquista, FCE, México.
Richard, N., Murphy, B. (1993) Art From Latinamerica. La cita transcultural, Museum of Contemporary Art, Sydney, Australia.
Rifflet-Lemaire (1971) Lacan, La gaya ciencia, Barcelona.
Sánchez Vázquez, Adolfo (1979) Las ideas estéticas de Marx, ERA, México.
Sartre, Jean-Paul (1975) El idiota de la familia, Tiempo Contemporáneo, Bs. As.
Schapiro, Meyer. "Style". En: Theory and Philosophy of Art: Style, Artist, and Society. Selected Papers. George Braziller, Inc. Nueva York. pp. 51-101.
Scholem, Gershom (1979) La cabala y su simbolismo, Siglo XXI, México.
Silva, Ludovico (1976) Teoría y práctica de la ideología, Nuestro Tiempo, México.
Sneed, Joseph (1971) The Logical Structure of Mathematical Physics, Reidel, Dordrecht.
Stegmüller, Wolfgang (1976) Estructura y dinámica de teorías, Ariel, España.
Todorov, T. y otros (1988) Cruce de culturas y mestizaje cultural, Júcar, Barcelona.
Touraine, Alain (1997) ¿Podremos vivir juntos?, FCE, México.
Verón, Eliseo (1972) "Ideología y comunicación de masas", en Lenguaje y comunicación social, Nueva Vision, Buenos Aires.
Wittgenstein, Ludwig (1958) Philosophical Investigations, Basil Blackwell, Oxford.
(1973) Tractatus Logico-Philosophicus, Alianza, Madrid.
Wölfflin, Enrique (1947) Conceptos fundamentales en la historia del arte, Espasa-Calpe, Madrid.
(1988) Reflexiones sobre la historia del arte, Península, Barcelona.
Worringer, Wilheim (1973) La esencia del arte gótico, Fichas, Nueva Vision, Bs. As.
(1975) Abstracción y naturaleza, Breviarios, FCE, México.

www.ingramcontent.com/pod-product-compliance
Lightning Source LLC
Chambersburg PA
CBHW080547220526
45466CB00010B/3068